Jakob Stern

Tierquälerei und Tierleben in der jüdischen Literatur, den Tierschutzvereinen gewidmet von Rabbiner Stern

Jakob Stern

Tierquälerei und Tierleben in der jüdischen Literatur, den Tierschutzvereinen gewidmet von Rabbiner Stern

ISBN/EAN: 9783743349360

Hergestellt in Europa, USA, Kanada, Australien, Japan

Cover: Foto ©Lupo / pixelio.de

Manufactured and distributed by brebook publishing software (www.brebook.com)

Jakob Stern

Tierquälerei und Tierleben in der jüdischen Literatur, den Tierschutzvereinen gewidmet von Rabbiner Stern

Thierquälerei und Thierleben

in der jüdischen Literatur.

Den Thierschutzvereinen gewidmet

von

Rabbiner **Stern**

in Buttenhausen (Württemberg).

Zürich.
Verlags-Magazin.
(J. Schabelitz.)
1880.

Arthur Schopenhauer, der griesgrämige Weltweise, hat die mosaische Schöpfungsgeschichte darüber getadelt, daß sie den Schöpfer sämmtliche Thiere ganz wie Sachen und ohne alle Empfehlung zu guter Behandlung dem Menschen übergeben läßt, damit er über sie herrsche, also mit ihnen thue, was ihm beliebe.¹) Selbst ein Hundeverkäufer, meint er, empfiehlt seinen vierfüßigen Zögling dem Wohlwollen des Käufers, ehe er sich von ihm trennt. Dies, sowie überhaupt der Umstand, daß der Mensch widernatürlicher Weise von der Thierwelt losgerissen und ihm allein Geltung zugeschrieben wird, sei eine der Ursachen, weshalb im Abendland die Thierquälerei häufiger vorkomme als im Orient. — Man kann dem philosophischen Kritiker einigermaßen darin beipflichten, daß ein Wort gegen die Thierquälerei in der fraglichen Stelle der Genesis am Platze gewesen wäre; doch wird man auf diesen Umstand kein allzugroßes Gewicht legen dürfen. Unterläßt es doch auch der Pentateuch, den Eltern einzuschärfen, ihre Uebermacht gegen die Kinder nicht zu mißbrauchen und erst der Rabbinismus spricht auch von Schranken, welche der elterlichen Macht gesetzt sind, damit sie nicht zur Tyrannei ausarte.²) — Entschieden bestritten muß aber werden, daß die alttestamentliche Anschauung vom Thier

---

Anmerkung: Der Verfasser fühlt sich gedrungen, zu bemerken, daß ihn der vortreffliche Aufsatz „Die Thierquälerei und das Christenthum" von Pfarrer Knapp (Beilage zum Württ. Staats-Anzeiger 1877) zu dieser Arbeit angeregt hat.

¹) Gen. 1, 28. 30.
²) Ein Vater darf den erwachsenen Sohn nicht schlagen (Talmud Moëd katon fol. 17). Er soll den Gehorsam seines Kindes auf keine all-

die Thierquälerei irgendwie begünstige. Im Gegentheil zeigt
es sich häufig genug in der Literatur des Hebräers, daß er
sein Auge auf der Thierwelt mit jenem bewundernden Interesse
verweilen ließ, aus welchem Sympathie und Wohlwollen zu
knospen pflegt; wenn er in den Thieren auch nicht wie der
Sohn des neunzehnten Jahrhunderts „Bein von seinem Bein,
Fleisch von seinem Fleisch" erkennt, sie nicht wie Faust als
seine „Brüder im stillen Busch, in Luft und Wasser" begrüßt.
Was aber die Behandlung der Thiere anbelangt, so enthält
zwar die mosaische Gesetzgebung kein Generalverbot der Thier=
quälerei, dafür aber eine beträchtliche Zahl Einzelvorschriften,
welche dieses Prinzip in konkreten Fällen zur Anwendung brin=
gen und eine hohe Werthschätzung des Thierlebens, ein inniges
Mitgefühl für dasselbe bekunden; daher es dem Talmud auch
nicht schwer wurde, das Verbot der Thierquälerei aus dem
mosaischen Gesetzbuch zu abstrahiren.¹) Eine entschieden thier=
freundliche Gesinnung tritt auch in den nicht legislativen Schriften
der klassischen hebräischen Literatur in ausgesprochenster Weise
zu Tage und das Wort der sog. Sprüche Salomo's: „Der Ge=
rechte erkennet die Seele seines Viehs, aber das Herz des
Frevlers ist grausam"²) enthält, was Schopenhauer im mosai=
schen Gesetz vermißt: eine scharfe Verurtheilung jeder Thier=
quälerei und die Weisung, das Thier human zu behandeln.
Dieselbe thierfreundliche Gesinnung offenbart sich auch in dem
Schriftthum, welches das Judenthum, losgelöst von seinem
nationalen Boden, aber inspirirt vom Geist seiner klassischen
Literatur, produzirt hat und das rabbinische Gesetz hat, wie
schon bemerkt, das Verbot der Thierquälerei zum mosaischen ge=

---

zuschwere Probe stellen (Buch Chasidim § 567). Vergl. Luzzato, Israel.
Moraltheologie § 181 ff.

¹) Baba meziah fol. 32 f. Sabbath fol. 128 b.
²) Prov. 12, 10. Die Luther'sche Uebersetzung: „erbarmet sich seines
Viehs" entspricht nicht ganz dem Originaltext. Er erkennet die Seele 2c.
heißt: Er weiß, wie es ihm zu Muthe ist, wie in Exod. 23, 9.

stempelt, mit Nachdruck eingeschärft und eine mannigfache legis= lative Anwendung davon gemacht, was im Weiteren gezeigt werden wird.

Die vorliegende Arbeit beabsichtigt, die auf das Thier be= zügliche Gesinnung des Hebräismus, einschließlich des weitern Kreisen nicht zugängigen talmudisch-rabbinischen Schriftthums, aus einzelnen sachlich gruppirten Stellen hervortreten zu lassen, ohne jedoch den Anspruch der Vollständigkeit zu erheben.

Lebhaftes Interesse an der Thierwelt bekunden poetische Schilderungen aus dem Thierreiche und Metaphern, die demselben entlehnt sind. Solche begegnen uns in der alt= testamentlichen Literatur in großer Anzahl. Wie reich belebt ist das prächtige Schöpfungsgemälde des Psalters[1]) — von welchem bekanntlich Humboldt in hohem Grade entzückt war — von bunten Thiergestalten. An den Quellen im Gebirg steht ein Rudel Wild und Maulesel löschen dort ihren Durst. Stein= böcke springen auf hohe Bergeszacken und in der Felskluft birgt sich der Klippdachs. Auf den Wipfeln der Cedern nisten die Vögel und ihr Gesang tönt lieblich aus dem Gezweig her= vor, während der klappernde Storch auf Cypressen sein Nest gebaut hat. Auch die Nachtthiere sind nicht vergessen und unter ihnen ragt der Wüstenkönig hervor, dessen Gebrüll die Stille der Nacht schauerlich durchhallt. Deßgleichen der Wal= fisch, der Löwe des Meeres, unter den Myriaden wimmelnder Wassergeschöpfe von der seltsamsten Gestalt.[2]) Und der Dichter kann sich nicht enthalten, in einen Ruf andächtiger Bewunderung auszubrechen über die schöne Mannigfaltigkeit der lebenden Wesen und ihre zweckmäßige Organisation, und das Verhältniß, das er zwischen Gott und den Thieren walten läßt, kann kaum inniger gedacht werden. „Sie alle harren auf Dich, daß Du ihnen ihr Futter giebst zur rechten Zeit. Du streust ihnen hin, sie lesen es auf; Du öffnest Deine Hand, sie sättigen sich des

---

[1]) Ps. 104. [2]) V. 11—12; 17—18; 20—22; 25—26.

Guten." Nur die jungen Brüller „fordern" ungestüm ihre Nahrung von Gott. Und er, der Schöpfer, hat seine Freude an allen seinen Geschöpfen und sorgt liebevoll für sie alle. Selbst das Ende der Thiere weiß der Dichter poetisch zu verklären: „Du verbirgst Dein Antlitz, sie erschrecken; Du ziehst ihren Geist (Odem) zurück, sie verscheiden und werden wieder zu Staub."[1]) — In dem prachtvollen Panorama der Natur nimmt die Thierwelt die nächste Stelle ein neben dem Menschen; daher der Psalmist „das Wild und alles Vieh, Gewürm und beschwingte Vögel" in den allgemeinen Hymnus der Natur auf Gottes Größe und Schöpferkraft einstimmen läßt[2]) und ein anderer Poet spricht: „Frage doch das Vieh, es wird dich lehren, und den Vogel des Himmels, er wird dir's sagen, auch die Fische des Meeres können dir's erzählen, daß Gottes Hand dies Alles gemacht hat, in dessen Hand die Seele von allen Lebenden.[3])"

Die Thierschilderungen im hebräischen Faust, dem Buche Hiob, gehören unstreitig zu den Meisterstücken poetischer Thiermalerei, und das Gesetz, das Lessing im Laokoon entwickelt und an den homerischen Malereien, insbesondere am Schild des Achilleus, glänzend nachweist, scheint dem großen unbekannten Poeten des Hiob keineswegs entgangen zu sein. Er schildert die Thiere in Aktion mit wenigen, aber kräftigen Pinselstrichen und erhöht die Lebendigkeit seiner Bilder durch das Pathos der Rede, in welche er sie einwebt. Da sehen wir, um mit den Vögeln zu beginnen, die Straußenhenne fröhlich die kräftigen Flügel regen und, ihre Eier dem Sande sorglos preisgebend, mit erstaunlicher Schnelligkeit dahineilen und das schnellste Roß beschämen.[4]) Den Adler, hoch auf Felsspitzen und Bergeszacken horstend mit scharfem Blick in die Ferne lugen, um Beute zu erspähen für sich und seine blutgierigen Jungen.[5]) Den Habicht seine Schwingen ausbreiten und in

---

[1]) B. 14; 21; 27—29. [2]) Ps. 148, 10. [3]) Job 12, 7—9.
[4]) ibid. 39, 13—18. [5]) B. 27—30.

schwindelnder Höhe nach dem wärmeren Süden ziehen.[1]) Wir hören die jungen Raben nach Futter krächzen und sehen den alten herbeifliegen mit der ihm von Gott bereiteten Nahrung.[2]) Die Löwin wird uns vorgeführt, wie sie sich im Wildlager duckt, im Dickicht auf der Lauer späht, um mit mächtigem Satze sich auf ein vorüberziehendes Wild zu werfen und es ihren gierigen Jungen zu bringen.[3]) Der freiheitliebende Wildesel, wie er sich in der öden Wüste tummelt und das spärliche Grün der Berge und Salzsteppe abweidet.[4]) Der unbändige Büffel, den noch Niemand ans Zugseil gespannt und an den Futtertrog gebannt hat, so sehr auch seine Riesenkraft dem Menschen nutzbar wäre.[5]) Das muthschnaubende, kraftvolle Schlachtroß mit der stolz fliegenden Mähne, das ungeduldig den Boden schürft und nicht mehr zu zügeln ist, wenn das Schlachthorn tönt. Mit freudigem Gewieher stürzt es sich in die Reihen der Feinde und achtet nicht der Lanzen, Spieße und Schwerter, die ihm entgegenstarren.[6]) Auch der Trachtverhältnisse und leichten Geburt der Gemsen und Hindinnen wird gedacht, die auf den höchsten Felsen vor sich geht und der menschlichen Beobachtung sich entzieht.[7]) Ausführlich werden alsdann noch zwei mächtige, merkwürdige Thiere mit kräftiger Plastik geschildert: Das Nilpferd, das seinen Schweif wie eine Ceder biegt, dessen Knochen Röhren von Erz, dessen Gebeine wie Eisenstäbe sind, dessen Schneidezähne Schwertern gleichen; das bald im Schatten wilder Lotusstauden ruht, bald im Versteck von Rohr und Sumpf weilt und in unverwüstlicher Ruhe einen reißenden Strom sich ans Maul bringen läßt.[8]) Weitläufiger noch wird das dem Menschen unnahbare und unbezähmbare Krokodil beschrieben, dessen Anblick schon Grauen einflößt. „Seine Augen sind wie die Wimpern der Morgenröthe, sein Niesen strahlt Glanz aus, aus seinen Nüstern fährt Rauch wie von einem siedenden Topf. Rings um seine Zähne ist Schrecken, aus seinem Maule sprü=

---

[1]) V. 26.   [2]) 38,41.   [3]) V. 39—40.   [4]) V. 5—8.   [5]) V. 9—12.
[6]) V. 19—25.   [7]) V. 1—4.   [8]) 40, 15—24.

hen Feuerfunken und sein Odem entzündet Kohlen. Auf seinem Hals sitzt die Kraft und vor ihm her hüpft das Verzagen. Die Wampen seines Fleisches sind eng anschließend, sein Herz ist festgegossen wie Stein, hart wie der untere Mühlstein. Prächtig sind die gewölbten Röhren der Knochenschilder, festgeschlossen wie eng anliegendes Siegel. Stück an Stück sind sie gefügt, greifen fest anschließend ineinander. Sein Untertheil gleicht spitzigen Scherben; wie ein Dreschschlitten drückt es Alles platt in den Schlamm. Wie einen Kessel macht es die Tiefe schäumen, es rührt das Meer auf wie einen Salbenkessel. Hinter ihm her leuchtet der Pfad, die Fluth sieht aus wie graues Haar. Vor seinem Auffahren grauet es dem Helden, er verfehlt das Ziel aus Bestürzung. Wer es treffen will mit dem Schwert, der hält nicht Stand; nicht Lanze, Streitaxt und Panzer. Für Stroh achtet es das Eisen, für morsches Holz das Erz. Nicht verjagt es der Sohn des Bogens (der Pfeil), in Stoppeln verwandeln sich ihm Schleudersteine. Wie Spreu sind Keulen ihm geachtet, es lacht zu dem Sausen des Wurfspießes. Allem Furchtbaren sieht es keck ins Angesicht; König ist es über alle Stolzen."[1]) Wenn auch in dieser Schilderung manches hyberbolisch gesteigert ist, so sind doch die Grundzüge derselben treu der Natur abgelauscht.

Eine außergewöhnliche Heuschreckenverwüstung giebt dem Propheten Joel Veranlassung, diese schädlichen Insektenschwärme unter dem Bilde eines Alles verheerenden Kriegsvolkes zu schildern: „Ein Volk ist heraufgezogen über mein Land, mächtig und sonder Zahl. Seine Zähne sind Zähne des Löwen, Gebiß der Löwinnen hat es. Vor ihm ist ein Paradies, hinter ihm öde Wüste. Wie der Rosse Ansehen ist sein Ansehen und wie Pferde rennen sie. Wie Wagengerassel auf den Spitzen der Berge sprengt es einher; lärmend wie das Knistern der Feuerflamme, die Stoppeln frißt; wie ein mächtig Volk, kampf-

---

[1]) 40,25—41,26.

gerüstet. Vor ihm erbeben die Leute, jedes Antlitz erblaßt. Wie Helden rennen sie daher, wie Kriegsmänner erklimmen sie die Mauer; jedes zieht seine Bahn, keines drängt das andere. Sie laufen in die Stadt, berennen die Mauer, ersteigen die Häuser, kommen durch die Fenster wie ein Dieb. Vor ihm her zittert die Erde, erbeben die Himmel, Sonne und Mond verdunkeln sich, die Sterne ziehen ihren Glanz ein."[1]) Das Furchtbare und Zerstörende der Erscheinung tritt vor dem Großartigen derselben bedeutend zurück; auch in der Landplage erblickt des Dichters Auge das Schöne, Eindrucksvolle.

In der Spruchsammlung, deren Grundstock der König Salomo angelegt haben soll, werden auch die Thiere mit einigen Zahlsprüchen bedacht. Vier Thiere giebt es, winzig klein und doch durchtrieben klug: Die Ameisen, die im Sommer auf den Winter denken und Vorrath sammeln; der Klippdachs, der sein Haus in Felsen baut; die Heuschrecken, die in geordneten Schaaren ausziehen, und die Eidechse, welche in die Paläste des Königs dringt.[2]) Vier andere Thiere werden wegen ihres stattlichen Einherschreitens gerühmt: Der Löwe, der Windhund, der Bock und ein von den Philologen noch nicht ermitteltes Thier[3]), und unter den vier unbegreiflichen Dingen, die dem Auge schnell entschwinden, ohne eine Spur ihres Pfads zu hinterlassen, wird auch der Weg des Adlers gegen den Himmel und der leicht gleitenden Schlange auf glattem Felsgrund namhaft gemacht.[4])

Der kluge Fleiß der winzigen Ameise wird in den Sprüchen Salomo's noch besonders dem Faulen als beschämendes Vorbild vorgehalten.[5]) Welchem wilden Burschen, für den Feld und Wald mehr Anziehungskraft hatte, als die Schulstube, hätte sein Pädagoge mit dieser Paränese unbekannt gelassen?[6])

---

[1]) Joel 1,6; 2,2—10.   [2]) Prov. 30,24—28.   [3]) V. 29—31.
[4]) V. 18—20.   [5]) 6,6—11.

[6]) Ein aufgeweckter Schlingel entschuldigte seine Vorliebe für den Wald damit, daß er buchstäblich die Mahnung befolge, zur Ameise zu gehn, ihre Wege zu beobachten und weise zu werden. — Daß statt der Ameise

In den allegorischen Visionen der nachexilischen Prophetie, der aber bereits die klassische Naivität, Einfachheit und Geschmacksreinheit abgeht, spielen seltsam gestaltete mystische Thiere eine hervorragende Rolle. Ezechiel sieht den Thron Gottes von heiligen Thieren, von Löwe, Stier und Adler getragen.[1]) Bei Secharjah erscheinen die Sendboten Gottes, die Engel, auf Rossen von verschiedener Farbe, welche zugleich die verschiedenen Winde und ihre Wirkungen versinnbildlichen sollen.[2]) Am ausschweifendsten zeigt sich die an monströsen Thiergestalten Gefallen findende Thierallegorie im Buche Daniel, wo ein Schriftsteller aus der Makkabäerzeit den alten Daniel die politischen Verhältnisse jener Zeit in barocken Thierformen vorausschauen läßt, worin sich indeß der Einfluß des chaldäischen Magiergeistes nicht verkennen läßt.[3])

Eine eigentliche Thierfabel findet sich in der althebräischen Literatur nicht. Dagegen ist uns eine liebliche Parabel aufbehalten, in der zwischen Mensch und Thier ein fast zärtliches Verhältniß obwaltet. Der Prophet Nathan erzählt sie dem König David, als dieser sich mit dem Weib des Urias vergangen hatte. Zwei Männer waren in einer Stadt, der eine war reich, der andere arm. Der Reiche hatte Schafe und Rinder in großer Menge; der Arme hatte nur ein einziges kleines Schäflein. Er ernährte es und es wuchs mit seinen Kindern zusammen auf; von seinem Brode aß es und aus seinem Becher trank es und in seinem Schooße schlief es und es war ihm wie ein Töchterlein. Eines Tages kam ein Gast zum reichen Manne und er mochte keines von seinen vielen Schafen und Rindern schlachten, um dem Gast ein Mahl zu bereiten. Deßhalb nahm er dem armen Mann das Lämmlein weg und richtete es zu für seinen Gast.[4])

---

nicht vielmehr die Biene gewählt ist, hat seinen Grund darin, daß der aus Trauben bereitete Honig die Bienenzucht entbehrlich machte (S. Calver Handbuch § 15. 18).

[1]) Ez. 1 u. 3. [2]) Sech. 1 u. 6. [3]) Dan. 7 u. 8. [4]) 2. Sam. 12, 1—4.

Auch ein Thierräthsel findet sich im biblischen Kanon. Simson giebt es den Philistern auf und zwar als Preisräthsel: „Vom Fresser kommt Fraß, vom Starken kommt Süßes." Er hatte nämlich einen Löwen zerrissen und in dem Kadaver desselben hatte sich ein Bienenschwarm angesiedelt, dessen Honig ihn erquickt hatte. Durch das philistäische Weib des Helden, welcher wie mancher andere Ehemann, der kein Held ist, von den Thränen, Krämpfen und Ohnmachten seiner schöneren Häfte besiegt wurde, erfuhren es ihre Landsleute und als sie ihm die Lösung sagten, antwortete er: „Hättet ihr nicht mit meinem Kalbe gepflügt, hättet ihr mein Räthsel nicht erklügt."[1)]

Ueberaus zahlreich sind die Metaphern aus der Thierwelt in der hebräischen Poesie.

Mit dem Löwen vergleicht Bileam das Volk Israel: „Siehe, ein Volk, wie eine Löwin erhebt es sich und wie ein Löwe richtet es sich auf. Es legt sich nicht, bis daß es Beute verzehrt und Blut der Erschlagenen getrunken. Es lauert, streckt sich wie ein Löwe, wie eine Löwin, wer will es aufscheuchen?"[2)] Ebenso Michah: „Der Rest Israels wird sein unter vielen Völkern wie der Löwe unter den Thieren des Waldes, wie der Jungleu unter den Schafheerden, der, wenn er einbricht, niedertritt und zerreißt ohne Rettung."[3)] Der siegreiche Stamm Juda wird von dem Patriarchen Jakob als Löwe verherrlicht: „Ein junger Leu ist Juda; vom Raub, mein Sohn, kommst du herauf. Er lauert, streckt sich nieder wie ein Löwe, wie die Löwin. Wer wagt es, ihn aufzuschrecken?"[4)] und Ezechiel stellt die Mutter Judäa und zwei der letzten Judafürsten unter dem Bilde einer Löwin und zwei wilder junger Löwen dar.[5)] Gott selbst wird von Jesajah mit einem Löwen verglichen: „Gleichwie der Löwe brüllt und der Junglen knurrt bei seiner Beute, gegen welche der Hirten Menge sich schaart; vor ihrem Lärm zagt er nicht und vor ihrer Menge wird er

---

[1)] Jud. 14,5 ff. [2)] Num. 23,24; 24,9. [3)] Michah 5,7. [4)] Gen. 49,11. [5)] Ez. 19,1 ff.

nicht muthlos — so wird Jehovah herabkommen zu streiten auf dem Berge Zion und auf ihrem Hügel[1]" und die schicksalkündende Stimme Jehovahs wird von Amos mit dem mächtig furchtbaren Gebrüll des Löwen versinnlicht: „Wenn der Löwe brüllt, wer sollte sich nicht fürchten?"[2], während umgekehrt Jeremiah Gott sprechen läßt: „Mein Volk ist gegen mich geworden wie ein Löwe im Wald, es ließ gegen mich los sein Gebrüll."[3] Auch der Unmuth eines Königs ist wie des Löwen Gebrüll; aber wie Thau auf Gras ist seine Huld.[4] Deßgleichen der Frevler, der wie ein Löwe im Dickicht dem Armen auflauert und ihn mit seinen Pranken packt.[5]

Neben dem Löwen wird auch zuweilen der Bär genannt: „Ein lauernder Bär war er mir, ein Löwe im Versteck," klagt der Sänger der Klagelieder[6] und in den Sprüchen heißt es: „Ein brüllender Löwe und ein gieriger Bär ist ein frevler Herrscher über armes Volk."[7] Die Schiller'sche Sentenz: „Gefährlich ist's, den Leu zu wecken; Verderblich ist des Tigers Zahn; Jedoch der schrecklichste der Schrecken, Das ist der Mensch in seinem Wahn" ist nur in ihrer Fassung originell; denn ange vor Schiller hat ein hebräischer Spruchdichter den Kern derselben in einer Gnome ausgesprochen, nur daß er den Bären statt des Löwen setzt: „Begegne der Bärin, die ihrer Jungen beraubt ist und nicht dem Thoren in seiner Narrheit."[8]

Den Panther erwähnt Jeremiah, indem er behauptet: So wenig ein Neger seine Haut, so wenig ein Panther seine Flecken, ebenso wenig sei das lasterhafte Israel im Stande, sich zu bessern,[9] und Hosea läßt Gott sprechen:[10] „Ich will gegen sie sein wie ein Schakal, wie ein Panther will ich ihnen auflauern," und wiederum: „Ich werde sein wie ein Schakal gegen Ephraim und wie ein Junglen dem Hause Juda. Ich, ich werde zerreißen und davongehen, hinwegschleppen und keiner wird ret-

---

[1] Jes. 31,4. [2] Amos 3,8. [3] Jer. 12,8. [4] Prov. 10,12. [5] Ps. 10,9 ff. [6] Eleg. 19,12. [7] Prov. 28,15. [8] 17,11. [9] Jer. 13,23. [10] Hos. 13,7; 5,14.

ten." Auch Hiob klagt: „Wie ein Schakal machst du Jagd auf mich."¹)

Auch Meister Isegrim wird metaphorisch verwendet. Einen reißenden Wolf nennt Jakob seinen Sohn Ephraim in verherrlichendem Sinn²); während Zephaniah die habgierigen und ungerechten Richter Jerusalems Wölfe nennt, die des Abends auf Raub ausgehen und nichts auf den andern Morgen übrig lassen.³)

Den Helden der Fabel, Reineke, wendet Ezechiel tropisch an, indem er Israel apostrophirt: „Wie die Füchse in den Ruinen, so waren deine Propheten, o Israel!"⁴) womit er jene pfäffischen Heuchler meint, die, statt das Volk zum Wahren und Guten zu erheben, es geistig zu erleuchten und sittlich zu veredeln, es vielmehr in hergebrachten Verkehrtheiten zu erhalten strebten, weil das ihren eigennützigen Absichten entsprach.

Von andern reißenden Thieren erwähnen wir noch die Schlange, die schon in der Sage vom Paradies als Verführerin eine Rolle spielt und dafür verwünscht wird, auf dem Bauche zu kriechen und Staub zu fressen und in ewiger Fehde mit dem Menschen zu leben.⁵) Jakob rühmt seinen Sohn Dan als Schlange am Wege oder Otter am Pfade, die das Pferd in die Ferse beißt, daß es seinen Reiter abwirft,⁶) und nach Jeremiah werden die Feinde Egyptens wie eine Schlange gegen das Land leise geschlichen kommen.⁷)

Endlich das Krokodil, das öfters als Symbol Egyptens erscheint.⁸)

Mit dem schnellfüßigen Hirsch werden Asahel, der Bruder Joabs und andere Helden Davids verglichen, die wie der „muthige Renner Achilleus" bei den Griechen durch raschen Lauf im Verfolgen der Feinde sich auszeichneten.⁹)

„Die Gazelle, o Israel, liegt auf den Höhen erschlagen,¹⁰)"

---

¹) Job 10,16. ²) Gen. 49,27. ³) Zeph. 3,3. ⁴) Ez. 13,4. ⁵) Gen. 3. ⁶) 49,17. ⁷) 46,22. ⁸) Jes. 51,9; Ez. 29,3; Ps. 74,13. ⁹) 2. Sam. 2,18; 1. Ch. 12,8. ¹⁰) 2. Sam. 1,19.

klagt David, da er den Tod Sauls und Jonathans erfährt, und mit einer Gazelle oder einem jungen Hirsch vergleicht im hohen Lied die liebeglühende Hirtin Sulamith ihren königlichen Geliebten, der mit Amors Flügeln zu ihr eilt, „daherspringend über die Berge, daherhüpfend über die Hügel,"¹) während dieser von ihren schwellenden Reizen sagt, sie seien wie zwei Rehlein, Zwillinge einer Gazelle, die unter Rosen weiden.²) Die Einleitung zu den Sprüchen ermahnt den Mann zur Treue gegen seine Jugendgattin und veranschaulicht treffend das graciöse, lebhafte und liebreizende Wesen eines jugendlichen Weibes mit dem Bilde: „Liebliche Hindin, anmuthige Gazelle."³)

Der in der Fremde des Exils weilende Psalmist sehnt sich nach seiner Heimath „wie ein Reh schmachtet nach Wasserquellen."⁴)

Der Büffel (Reëm) wird häufig wegen seiner majestätischen Hörner zum Vergleich verwendet: „Der Gott, der Israel herausführte aus Egypten, ihm ist Majestät wie des Büffels," ruft Bileam zweimal aus⁵) und der glückstrahlende Psalmist singt: „Du erhöhst mein Horn wie des Büffels Horn⁶)"; so auch Hannah, die Mutter Samuels: „Hoch ist mein Horn durch Jehovah."⁷) Moses spricht in seinem Schwanengesang vom Stamm Josef: „Sein Erstgeborner, dem Stier gleich, stattlich ist er und die Hörner des Büffels sind seine Hörner."⁸) Der Psalmist seufzt: „Umgeben haben mich viele Stiere,"⁹) d. h. mächtige Feinde, und Jeremiah in seinem Spruch über Babel ruft: „Machet alle seine Farren nieder, hinab mit ihnen zur Schlachtbank,"¹⁰) nämlich die Großen und Vornehmen des Landes.

Allerschönste Kuh nennt derselbe Prophet das Land Egypten und er droht ihr: „Eine Bremse von Norden kommt, kommt"¹¹) und Israel läßt er sprechen: „Du hast mich gezüchtigt und ich

---

¹) Hohel. 2,8—9. ²) 4,5; 7,4. ³) Prov. 5,19. ⁴) Ps. 42,2
⁵) Num. 23,22; 24,8. ⁶) Ps. 92,11. ⁷) 1. Sam. 2,1. ⁸) Deut. 33,17.
⁹) Ps. 22,13. ¹⁰) Jer. 50,27. ¹¹) 46,21.

ward gebändigt, wie eine unbändige Färse."¹) So spricht auch Hosea von Israel: „Wie eine störrige Kuh ist Israel störrig; nun wird der Herr sie weiden,"²) und derselbe: „Ephraim ist eine gelehrige Kuh, die liebt zu dreschen. Ich aber komme über die Schöne ihres Halses. Einspannen will ich Ephraim, pflügen soll Juda, eggen Jakob."³) — Auch Jeremiah spricht zu Israel: „Von jeher hast du dein Joch zerbrochen, deine Stränge zerrissen und gesprochen: Nicht will ich arbeiten."⁴) Der Prophet Amos ist sogar ungalant genug, die üppigen Frauen Samariahs Kühe Basans zu nennen⁵); was die p. t. Damen dem propheta rusticus⁶) zu Gute halten müssen.

Sehr häufig begegnen wir dem idyllischen Bild von Schafen und ihren Hirten. Gott ist der Hirte Israels; er leitete sein Volk, wie ein Hirte seine Heerde, durch die Wüste und in Palästina.⁷) Er verließ seine Schafe beim babylonischen Exil, wo Israel wie ein Schaf zur Schlachtbank geführt wurde,⁸) und führt sie von dort wieder zurück, wie ein guter Hirte, in seinen Arm sammelt er die Lämmer, an seinem Busen trägt er sie, die Säugenden leitet er sanft.⁹) Auch das Verhältniß des Individuums zu Gott erscheint unter diesem schönen Bilde: „Der Herr ist mein Hirte, ich leide keinen Mangel. Auf grüner Au läßt er mich lagern, an sanften Wassern leitet er mich. Auch wenn ich im Schauerthale wandle, fürchte ich nichts; denn du bist bei mir."¹⁰) Auch die Fürsten, Propheten, Priester, Richter erscheinen oft unter diesem Bilde. Die edlen als treue für die Heerde besorgte Hirten; die schlimmen als niederträchtige Hirten, welche nicht die Heerde, sondern sich selber weiden, ihr Fett verzehren, in ihre Wolle sich kleiden, die besten schlachten, die schwachen nicht stärken, die kranken nicht heilen, die ver=

---

¹) 31,18. ²) Hos. 4,16.
³) 10,11. Das melumadah steht offenbar ironisch: sie ist gelehrig — zu dreschen, wobei sie fressen kann. Jes. 5,22.
⁴) Jer. 2,20. ⁵) Amos 4,1. ⁶) 7,14. ⁷) Ps. 77,21; 80,2; 95,7. Ez. 34,11 ff. ⁸) Jes. 53,7. ⁹) 40,11. ¹⁰) Ps. 23.

wundeten nicht verbinden, die versprengten nicht zurückführen, die verlorenen nicht aufsuchen, sie mit Härte behandeln, so daß sie zerstreut sind und den wilden Thieren zur Beute werden.¹) Nicht unpassend vergleicht Salomo die weißen Zähne seiner Geliebten mit einer Heerde tadelloser Schafe, die eben aus der Schwemme kommen; weniger treffend ihr Haar mit einer Heerde Ziegen, die am Berge weiden.²) Die Vornehmen und Großen werden auch hie und da als Böcke bezeichnet, die der Heerde vorangehen und ihr den Weg zeigen.³)

Auf Rossen fährt Gott einher in der dithyrambischen Theophanie des Habakuk⁴) und bei Secharjah spricht Gott, er werde sein Volk zu seinem Paraderoß im Krieg machen.⁵) Mit einer schönen Stute im Marstall Pharao's vergleicht Salomo seine Sulamith.⁶)

Einen starkknochigen Esel nennt der Patriarch Jakob seinen Sohn Isachar,⁷) was keineswegs eine schimpfliche Bezeichnung ist, da der orientalische Esel eine ganz andere Figur macht, als der unsrige.⁸) Vergleicht ja auch Homer den Ajax mit einem Esel und der tapfere Kalif Merwan II. hieß der Esel Mesopotamiens.⁹) (Die orientalischen Esel übrigens, die man bei uns sieht, scheinen sich hinlänglich akklimatisirt zu haben.) Der Esel ist auch das Friedensthier, auf dem der von Secharjah gehoffte König in Jerusalem einziehen sollte.¹⁰) Von dem widerspenstigen Israel spricht Jeremiah: „Eine wilde Eselin, gewohnt an die Wüste; in ungestümer Leidenschaft schnappt sie nach Athem."¹¹)

Der Hund ist dem Hebräer keine sympathische Figur und es wird sein nur in herabwürdigendem Sinn gedacht; was nicht wenig dazu beigetragen hat, den hundeliebenden Schopenhauer gegen die Bibel zu verstimmen. Von blutgierigen Feinden

---

¹) Jer. 50,6; Ez. 34,2 ff. ²) Hohel. 4, 1—2; 6, 5—6. ³) Jes. 14,9; Sech. 10,3. ⁴) Hab. 3,8. ⁵) Sech. 10,3. ⁶) Hohel. 1,9. ⁷) Gen. 49,14. ⁸) S. Brehm, Thierleben. ⁹) Lange, Bibelwerk z. St. nach Knobel. ¹⁰) Sech. 9,9. ¹¹) Jer. 2,25.

sagt der Psalmist: „Es umringen mich Hunde, eine Rotte von
Uebelthätern."¹) „Bin ich ein Hund, daß du mit einem Stecken
gegen mich anrückst?" spottet der Riese Goliath gegen David²)
und Abner ruft entrüstet aus, als Jsboseth ihn einer Schand=
that bezichtigte: „Bin ich etwa der Kopf eines judäischen Hun=
des?"³) s. v. a. Bin ich ein Hundsfott, daß du mir unge=
straft solche Dinge sagen darfst? Doch ist nach Kohelet ein le=
bendiger Hund immer noch besser als ein todter Löwe.⁴)

Wenden wir uns nun zur Vogelwelt, die von der hebräi=
schen Poesie nicht minder reichlich zu dichterischen Vergleichen aus=
gebeutet wird. „Wie schwebende Vögel, also wird der Ewige der
Heerschaaren schirmend walten über Jerusalem," versichert Je=
sajah.⁵) Den Moabitern aber weissagt er: „Sie werden sein
wie flüchtige Vögel, wie verscheuchte Nester."⁶) Wer sein Vater=
land verlassen muß, ist wie ein Vogel, der von seinem Neste
gescheucht wird,⁷) und der Psalmist klagt: „Ich bin wie ein
Vogel, einsam weilend auf dem Dach."⁸) „Umsonst," heißt es
in den Sprüchen,⁹) „scheint dem Vogel das Netz ausgebreitet
zu sein, da es ihm doch nach dem Leben trachtet. Ganz so ist
der Pfad des Raubsüchtigen: Das Leben kostet er dem, der ihn
wandelt."

Der Adler dient im Pentateuch zur Versinnbildlichung des
Schutzes, den Gott Jsrael angedeihen ließ. „Ich trug euch auf
Adlerfittigen," sagt Gott vor der Gesetzgebung¹⁰) und im Liede
Mosis wird dieses Bild näher ausgeführt: „Wie ein Adler,
der sein Nest beschützt, liebend schwebt über seinen Jungen,
seine Flügel ausbreitet, sie ergreift und sie auf seinen Schwin=
gen trägt."¹¹) Feindliche Völker sollen, rasch wie der Adler
stößt, über Israel, Moab und Edom kommen¹²) und in einer
hübschen Parabel wird Nebukadnezar der große Adler genannt,
mit mächtigen Schwingen, langen Flügeln und vollem, bunt=

---

¹) Ps. 22,17. ²) 1. Sam. 17,43. ³) 2. Sam. 3,8. ⁴) Pred. 9,4.
⁵) Jes. 31,5. ⁶) 16,2. ⁷) Prov. 27,8. ⁸) Ps. 102,8. ⁹) Prov. 1,
17—19. ¹⁰) Exod. 19,4. ¹¹) Deut. 32,11. ¹²) 28,49. Jer. 48,40; 49,22.

farbigem Gefieder.¹) Cyrus dagegen wird als Geier verherr=
licht.²) Mit dem Pelikan in der Wüste und der Nachteule in
Ruinen vergleicht sich ein von seiner Heimath vertriebener, in
der Fremde einsam weilender Psalmist.³) Wie der Strauß in
der Wüste gegen seine Jungen, jammert der Dichter der Klage=
lieder, müssen die Mütter grausam sein gegen ihre Kinder, weil
sie ihnen keine Nahrung reichen können.⁴) Das Rebhuhn, wel=
ches Eier häuft, die es nicht gelegt hat, ist ein treffendes Bild
desjenigen, der unrechtes Gut sammelt: Es wird ihm einst
wieder entrissen werden, wie die erwachsenen Vögel das Reb=
huhn verlassen⁵); was sich besonders die Gründer und Wucherer
merken mögen, und der von Saul verfolgte David wirft jenem
vor, er verfolge ihn wie ein Rebhuhn im Gebirg.⁶) Jeremiah
ruft aus: „Auch der Storch in der Höhe kennt seine feste Zeit,
und Turteltaube, Schwalbe und Kranich merken sich die Zeit
ihrer Heimkunft; mein Volk aber kennt nicht die Weise des
Herrn."⁷) Der wiedergenesene König Hiskiah singt: „Gleich
der Schwalbe, dem Kranich, so zirpte ich, ich girrte wie die
Taube."⁸) Sehr schön vergleicht sich ein frommer Dichter, viel=
leicht ein Priester, der seine Heimath im Tempel hatte, mit
Sperling und Schwalbe, die ein Nest für sich und ihre Jungen
gefunden haben.⁹) Gottes Taube wird Israel genannt¹⁰); ihre
Flügel sind silberbedeckt und ihr Gefieder glänzt im Goldschim=
mer.¹¹) Wie Tauben in ihren Schlag, werden einst, verheißt
Deuterojesajah, die Völker gegen Jerusalem ziehen mit ihren
besten Produkten, um Israel und seinen Gott zu ehren.¹²)
Mein trautes Täubchen! nennt auch Salomo seine Sulamith
und kosend bittet er: „Du, meine Taube in Felsklüften, im
Schatten der Steilwand, laß mich schauen deine Gestalt, mich
hören deine Stimme. Denn deine Stimme ist süß und deine
Gestalt anmuthig." Auch ihre Augen sind ihm „Taubenaugen

---

¹) Ez. 16,1 ff. ²) Jes. 46,11. ³) Ps. 102,7. ⁴) Eleg. 4,3.
⁵) Jer. 17,11. ⁶) 1. Sam. 26,20. ⁷) Jer. 8,9. ⁸) Jes. 38,14. ⁹) Ps.
84,4. ¹⁰) Ps. 74,19; Hos. 7,11. ¹¹) Ps. 68,14. ¹²) Jes. 60,8.

aus dem Schleier hervorblickend" und sie gibt ihm das Bild zurück: „Seine Augen sind wie Tauben um Wasserquellen, die sich in Milch baden." Seine Haare aber sind schwarz wie Rabengefieder.¹)

Treffend vergleicht der Prediger das ungewisse Loos der Menschen und ihren oft plötzlichen Tod mit dem Loos der Vögel und Fische: „Denn es weiß der Mensch nicht seine Zeit; sondern wie die Fische sich verfangen im argen Netz und wie Vögel in der Schlinge gefangen werden, gleich ihnen werden die Menschenkinder verstrickt zur Zeit des Unglücks, wenn es sie plötzlich überfällt."²) Habakuk fragt Gott vorwurfsvoll, weßhalb er es dulde, daß es in der Menschenwelt so ungerecht hergehe; daß die Armen von ihren Unterdrückern behandelt werden, wie die Fische, die man mit dem Hacken oder dem Netz nach Belieben fängt.³) Jeremiah läßt Gott von den Israeliten sprechen: „Ich sende nach vielen Fischern (den Chaldäern), die sollen sie heraus- fischen, und nach vielen Jägern, die sollen sie erjagen."⁴)

Auch die Insektenwelt wird von der Metapher nicht ver- schmäht. Um die Niedrigkeit, Winzigkeit und Hinfälligkeit des Menschen gegen die strahlenden Gestalten des Makrokosmos hervorzuheben, nennt Hiob den Menschen einen Wurm, den Sohn Adams eine Made.⁵) Der Psalmist spricht: „Ich bin ein Wurm, nicht ein Mensch,"⁶) wie auch Faust sagt: „Dem Wurme gleich' ich, der den Staub durchwühlt." Auch dem im Exil gedrückten, nach Erlösung schmachtenden Israel ruft der Prophet mitleidig zu: „Fürchte nichts, o Würmlein Jakob!"⁷)

Der Frevler, sagt Hiob, hat der Motte gleich sein Haus gebaut⁸) d. h. es ist vergänglich und hat keinen Bestand; wie auch der Psalmist sagt: „Wegen seiner Schuld strafst du den Menschen und machst zerfallen der Motte gleich seine Herrlich- keit."⁹) Die Menschen überhaupt sind bälder als die Motte

---

¹) Hohel. 5,2; 2,14; 4,1; 5,11—12. ²) Pred. 9,12. ³) Hab. 1,14—15. ⁴) Jer. 16,16. ⁵) Job. 25,6. ⁶) Ps. 22,7. ⁷) Jes. 4114. ⁸) Job. 27,18. ⁹) Ps. 39,12.

zermalmt.¹) Gott selbst will gegen Ephraim sein wie eine Motte und wie ein Fäulniß dem Hause Juda.²)

Von den Thaten der Frevler heißt es, sie weben ein Spinngewebe,³) und von ihren Plänen: Spinnfäden sind ihre Hoffnungen.⁴) Egypten und Assyrien, die beiden rivalisirenden Großmächte, werden von Jesajah als Fliege und Biene bezeichnet⁵) und der Psalmist sagt von seinen Feinden: „Sie umringen mich wie Bienen."⁶) Die Kundschafter erzählen, daß sie sich gegen die gigantischen Bewohner Palästinas wie Heuschrecken vorkamen und von denselben auch für solche gehalten wurden;⁷) eine Aufschneiderei, die einem Münchhausen Ehre gemacht hätte. Sogar der kleine bissige Clown unter den Insekten, der s. v. Floh, hat seine Stelle gefunden. David bezeichnet sich Saul gegenüber als solchen,⁸) gewiß der Superlativ der Selbstverkleinerung; wenn dieselbe auch nicht so ganz ernst gemeint sein mochte.

Daß Menschen der Name von Thieren beigelegt wurde, findet sich im Althebräismus weit seltener als bei den späteren Israeliten, bei denen Namen wie Löwe, Bär, Hirsch, Falk, Täubchen gewöhnlich sind. Außer Rahel (Schaf), Deborah (Biene), Huldah (Wiesel), Jonah (Taube) und Schual (Fuchs)⁹) sind uns keine bekannt.

In der Ornamentik des Tempels und des Salomonischen Throns wurden Thiergestalten vielfach verwendet und das große eherne Meer im Tempel wurde von zwölf Rindern getragen.¹⁰)

Diesen Stellen, die sich noch vermehren ließen, welche die Aufmerksamkeit des Hebräers für alle Klassen der Thierwelt bekunden, wollen wir einige anreihen, aus denen hervorgeht, daß sich im Hebräismus der Mensch keineswegs stolz über das Thier erhaben dünkte, sondern hinsichtlich der Berechtigung zum Leben und dessen Bedürfnissen es neben sich stellte und die Sorge für die Erhaltung der Thiere Gott innig angelegen sein läßt.

---

¹) Job. 4,19. ²) Hos. 5,12. ³) Jes. 59,4. ⁴) Job. 8,14. ⁵) Jes. 7,18. ⁶) Ps. 118,12. ⁷) Num. 13,33. ⁸) 1. Sam. 24,15; 26,20. ⁹) 1. Chron. 7,36. ¹⁰) 1. Kön. 6,7; 2. Chron. 9.

Stellen wie: „Er läßt Gras wachsen für das Vieh und Kraut zum Brauch des Menschen;"[1] „Er giebt dem Vieh seine Speise, den jungen Raben, welche nach Futter schreien"[2] und ähnliche, sind bekannt. Anläßlich der Verwüstung der Felder durch Heuschrecken klagt Joel: „Wie ächzt das Vieh, sind verstört die Rinderheerden, weil sie keine Weide haben. Auch die Schafheerden leiden Noth. Das Vieh des Feldes jammert empor zu dir; denn vertrocknet sind die Wasserquellen und Feuer hat verzehrt die Auen der Trift."[3] Jesajah läßt Gott sprechen: „Mich wird das Wild des Feldes ehren, Schakale und Strauße; denn ich bringe Wasser in die Wüste, Ströme in die Einöde."[4] Jeremiah klagt anläßlich des zur Wüste werdenden Palästina: „Auch die Hindin auf dem Felde gebiert und verläßt ihre Jungen, weil kein Gras vorhanden. Waldesel stehen auf kahlen Höhen, schnappen nach Luft wie Schakale, ihre Augen verschmachten, denn nirgends ist Futter für sie."[5] Der Verfasser des Buches Jonah läßt Gott zu dem Propheten, der ärgerlich ist über die Verschonung der bußfertigen Nineviten, sprechen: „Mir sollte es nicht leid sein um die große Stadt, die so viele Menschen hat und vieles Vieh"[6] und der Psalmist betet: „Menschen und Vieh hilfst du, o Herr!"[7]

In den Sprüchen heißt es: „Wo keine Rinder sind, da ist die Krippe leer; aber viel Ertrag ist durch die Kraft des Ochsen."[8] Ferner: „Mache dich bekannt mit dem Angesichte deiner Schafe, wende deine Aufmerksamkeit auf die Heerde. Schafe geben dir Gewand, Böcke sind ein Feld werth. Genug Ziegenmilch wirst du haben zur Nahrung für dich und dein Haus und dein Gesinde."[9] Wenn auch hier lediglich der Nutzen des Hausthieres seine Pflege zu empfehlen scheint, so klingt aus diesen Worten doch mehr heraus als berechnender Nützlichkeitssinn.

---

[1] Ps. 104,14. [2] 147,11. [3] Joel 1, 18—20. [4] Jes. 43,20. [5] Jer. 14,5—6. [6] Jonah 4,11. [7] Ps. 36,7. [8] Prov. 14,4. [9] 27. 23—27.

Eine absolute qualitative Scheidung zwischen Mensch und Thier konnte im Althebräismus schon darum nicht Platz greifen, weil ihm die Lehre von der Unsterblichkeit der Seele wenigstens im modernen Sinn fremd war und sogar der einer sehr späten Zeit angehörende Prediger es skeptisch dahingestellt sein läßt, ob nicht Mensch und Thier eschatologisch gleich sind;[1]) selbstverständlich ohne die psychische und intellektuelle Inferiorität des Thieres in ihrem vollen Umfang zu verkennen. Heißt es doch wiederum: „Seid nicht wie das Pferd, wie das Maulthier, ohne Vernunft; das nur mit Zaum und Gebiß zu zügeln ist."[2]) Ferner: „Der Mensch im Glück, der nicht Einsicht hat, gleicht dem stummen Vieh."[3])

Spuren von Thierquälerei finden sich in der alttestamentlichen Literatur nur zwei: Bileam schlägt seine Eselin mehrmals mit dem Stock, als sie nicht weiter gehen wollte, und als sich diese wunderbarer Weise darüber beklagt (ein Wunder, das im Homer eine Parallele hat)[4]), sagt er: Hätte ich ein Schwert in der Hand, ich würde dich auf der Stelle umbringen; worüber die Rabbinen spotten: Dieser Wundermann will mit seiner Zunge einer ganzen Nation den Untergang bereiten und seine Eselin zu tödten bedarf er eines Schwertes. Ein Wunder ist es auch, daß Bileam nicht das geringste Zeichen von Verwunderung über die gesprächige Eselin kund gibt, sondern, als ob redende Eselinnen an der Tagesordnung wären, ihr unbefangen replizirt und das merkwürdige Thier noch mit dem Tod bedroht. Für seine Schlägerei wird er übrigens von dem Engel gebührend abgekanzelt.[5])

Das andere Vorkommniß findet sich bei Simson, der aus Rache gegen die Philister dreihundert Füchse fing, ihre Schwänze zusammenband, eine brennende Fackel hineinsteckte und sie in die Felder der Philister laufen ließ, um ihre Frucht zu verderben.[6])

---

[1]) Pred. 3,18—21. [2]) Ps. 32,9. [3]) 49,13. 21. [4]) II. XIX. 404 ff. [5]) Num. 22,22 ff. [6]) Jud. 15,4—5.

Bezeichnend für die thierfreundliche Gesinnung des Hebräismus ist es auch, daß in dem von den Propheten gehofften idealen Zukunftsreich der Krieg zwischen Thieren und Menschen und den Thieren unter einander aufhören soll, der Wolf neben dem Lamm, die Kuh neben dem Bären friedlich weiden, der Löwe wie ein Rind Gras fressen wird und ein Säugling sorglos am Loche der Natter wird spielen können.[1]) Die reale Verwirklichung dieser Phantasie mag der Prophet schwerlich im Ernst gehofft haben. Vielmehr scheint es, daß die Idee vom einstigen Verschwinden der Kriege zwischen Menschen und Völkern und der Begründung eines dauernden Weltfriedens — gewiß einer der erhabensten Originalgedanken der Prophetie — den Geist des Propheten fortgerissen hat, ein Spiegelbild dieser idealen Zustände der Menschenwelt im Thierreich zu entwerfen.

Wir wollen uns nun zu den einzelnen biblischen Gesetzen wenden, welche das Thier betreffen und dabei auch das talmudisch-rabbinische Gesetz in Betracht ziehen.

Das mosaische Gesetz will die Sabbathruhe auch dem Thiere zu Gute kommen zu lassen[2]) und von einigen Rabbinern wird dies auch auf den Festtag ausgedehnt.[3]) Das Gesetz über das Sabbathjahr gedenkt auch des Wildes fürsorglich.[4])

Das mosaische Gesetz befiehlt: „Wenn du den Esel deines Feindes unter seiner Last stürzen siehst, könntest du dich enthalten, ihm aufzuhelfen? Nein, sondern hilf ihm, ihn aufrichten."[5]) Man könnte geneigt sein, anzunehmen, daß diese Anordnung nicht von der Rücksicht gegen das Thier, als vielmehr gegen den Besitzer eingegeben ist, analog dem Gebot, das verirrte Schaf des Nächsten und auch des Feindes seinem Eigen-

---

[1]) Jes. 11,6—8; 65,25. Es ist sehr beachtenswerth, daß in der Parallelstelle in Michah 4,3 dies nicht erwähnt ist.
[2]) Exod. 20,10; 23,12. Deut. 5,14. Schulchan aruch I. 246. 266. 305.
[3]) Sch.—a I. 246. Magen Abraham Ziffer 12.
[4]) Exod. 23,11. [5]) ibid. V. 5.

thümer zurückzubringen.¹) Denn, wenn auch das Alte Testament das Gebot: „Liebet eure Feinde" des neuen nicht kennt, so enthält es doch seine negative Seite, sowie die praktische Folgerung desselben: „Thut wohl denen, die euch hassen."²) Heißt es doch ausdrücklich: „Du sollst deinen Bruder nicht hassen in deinem Herzen, sollst dich nicht rächen und keinen Haß nachtragen."³) „Wenn dein Feind hungert, gieb ihm Brod, wenn er dürstet, gieb ihm Wasser." „Wenn dein Feind fällt, freue dich nicht und wenn er strauchelt, frohlocke nicht dein Herz."⁴) Indessen darf doch auch das Motiv der Thierquälerei darin gefunden werden, sofern das Gesetz gerade diesen Fall wählt. Auch der rabbinische Kodex wendet das Verbot der Thierquälerei auf den Fall an.⁵) Das Gesetz verbietet, dem Ochsen das Maul zu verbinden, wenn er drischt⁶); sowie Zugthiere verschiedener Gattung zusammenzuspannen, weil die Kräfte ungleich sind.⁷) Beim Ausnehmen eines Vogelnestes soll man nicht die Mutter sammt den Küchlein nehmen, sondern die Mutter fliegen lassen, weil es grausam ist, Mutter und Junge der Freiheit zu berauben und zu tödten.⁸) Die Beobachtung dieser Vorschrift soll sogar mit einem langen Leben belohnt werden. Aus gleichem Grund wird

---

¹) Exod. B. 4; Deut. 22,1—3. ²) Evang. Matth. 5,44. ³) Lev. 19,16—17.

⁴) Prov. 24,17; 25,21. Der bekannte Nachsatz in der Bergpredigt (Matth. 5,43): „und deinen Feind hassen" ist offenbar Versehen des Evangelisten, der einmal im Zuge war, derartige Stellen in Antithesen anzuführen. Wenn ferner das Verbot der Rache dem mosaischen „Auge um Auge" entgegengestellt wird (ibid. V. 38 ff.), so ist nicht zu vergessen, daß wohl das Individuum auf Rache verzichten soll, die Gesellschaft aber nicht auf das Strafrecht verzichten kann. Vielleicht war indessen zu Jesu Zeit dieses Wort auch die Parole des Privatlebens.

⁵) Sch.—a. III. 272 § 9. ⁶) Deut. 12,10; Sch.—a. III. 338
⁷) Deut. 25,4; Sch.—a. II. 297.

⁸) Deut. 22,6—7; Sch.—a. II. 292. Nach Fürst (Bibelkommentar z. St.) sollen die Gedichte des Phokylides dieselbe Bestimmung enthalten mit dem Grunde, damit man von der Mutter wieder Junge erhalten könne.

verboten, Kuh und Kalb, Schafmutter und Lamm an einem Tag zu schlachten.[1]) Auch soll das Junge nicht unter acht Tagen der Mutter entrissen und geschlachtet werden.[2]) Das Verbot: „Du sollst ein Böcklein nicht in der Muttermilch kochen," das sich im Pentateuch dreimal findet,[3]) hat, wie schon Philo annimmt, seinen Grund ebenfalls darin, daß es widrig roh und grausam ist, ein Junges in der Milch der eigenen Mutter zu kochen. Verboten ist es auch, einem Thier die Mannskraft zu verstümmeln oder verstümmeln zu lassen.[4])

Auf's Nachdrücklichste wird das Verbot Blut zu essen mehrfach, bei Strafe der Extermination, eingeschärft, weil die Seele oder das Leben des Thieres im Blut enthalten sei. Der Mensch darf wohl den Leib, nicht aber die Seele des Thieres verzehren.[5]) Damit zusammenhängend ist auch die Vorschrift,

---

[1]) Lev. 22,28; Sch.—a. II. 16.   [2]) Exod. 22,29; Lev. 22,27; Sch.—a. II. 15.

[3]) Exod. 23,19; 34,26; Deut. 14,21. Unwahrscheinlich ist die Uebersetzung Luthers: Koche nicht ein Böcklein, dieweil es an seiner Mutter Milch ist. Nach Einigen will das Verbot einen heidnischen Brauch beseitigen, der darin bestand, daß nach Beendigung der Fruchternte und Weinlese den Göttern ein Böcklein in Milch gekocht dargebracht wurde, um den Segen für das nächste Jahr zu erbitten, welcher Brauch bei den Zabiern bestand; beziehungsweise um mit dieser Milchbrühe die Felder und Gärten zu besprengen, damit die nächste Ernte segensreich werde; weßhalb es mit einem Gebot über die Erstlinge des Feldes verbunden ist (Fürst, Bibelkommentar; Brück, das mosaische Judenthum S. 47). Die Rabbiner sehen darin ein Verbot der Vermischung von Fleisch- und Milchspeisen (wahrscheinlich analog der Stelle Lev. 19,19); diese Auffassung ist jedoch eine offenbar irrige.

[4]) Lev. 22,24; Sch.—a. IV. 5.

[5]) Lev. 17,12 ff. u. a. St. Der Blutgenuß scheint sehr beliebt gewesen zu sein, weil es heißt: „Sei stark, das Blut nicht zu essen" (Deut. 12,23). Ein anderes Verbot, aber vielleicht damit zusammenhängend, enthält die Stelle: „Ihr sollet nicht beim Blut essen" (Lev. 19,26 vgl. 1. Sam. 14, 32—34). Nicht mit Unrecht sprechen manche Rabbiner von einem heidnischen Brauch, das Blut der geschlachteten Thiere in eine Grube rinnen zu lassen und den Dämonen oder abgeschiedenen Geistern zu weihen,

daß das Blut eines im Freien getödteten Thieres mit Staub oder Erde bedeckt werden soll.¹)

Die Unterscheidung in der Bibel zwischen reinen und unreinen Thieren²) bezieht sich blos auf die Genießbarkeit ihres Fleisches, wie ähnliche Unterscheidungen auch von vielen andern Völkern gemacht wurden und manche Thiere auch jetzt noch nicht gegessen zu werden pflegen; keineswegs aber sollen die unreinen Thiere mehr der Willkür preisgegeben sein. Es ist bezeichnend, daß nach dem Midrasch³) einst in den messianischen Zeiten auch die verbotenen Thiere, selbst das Schwein, erlaubt sein wird.

Diesen mosaischen Gesetzen reihen sich mehrere rabbinische an, welche die Rabbiner zum Theil an biblische Stellen anlehnen, zum Theil auf angebliche mosaische Tradition zurückführen,⁴) theils auf eigene Hand festsetzten. Wie schon oben bemerkt, stellen die Rabbiner den Grundsatz auf: Thierquälerei ist mosaisch verboten und demgemäß gestatten sie manche rabbinisch verbotene Arbeit am Sabbath, weil das mosaische Verbot der Thierquälerei wichtiger ist.⁵)

Die Rabbinen verbieten, einem lebenden Thier ein Stück abzuschneiden und zu essen.⁶) Selbst nachdem die Schlachtung vollzogen ist, darf kein Stück des Thieres gegessen werden, ehe das Thier völlig todt ist.⁷) Die Art und Weise, wie ein zum Genusse bestimmtes Thier geschlachtet werden soll, wird von den Rabbinen genau vorgeschrieben und die Nichtbeachtung dieser Schlachtregeln hat die eventuelle Ungenießbarkeit des Thieres zur Folge. Offenbar liegt denselben die Absicht zu Grunde, dem

---

um die Zukunft von ihnen zu erfahren. Vgl. Homer, Od. XI. Horaz, Sat. I. 8,28 f.

¹) Lev. 17,13. ²) Gen. 7,2; 8,20. Lev. 11. Deut. 14. ³) Rabbah zu Lev. und Deut. ibid.

⁴) Satzungen und Bräuche, die von früheren Zeiten überkommen waren, hielt man später, als ihr Ursprung nicht mehr bekannt war, für mosaische Ueberlieferung.

⁵) Talmud Sabbath fol. 128 b. ⁶) Sch.—a. II. 62. ⁷) ibid. 27.

Thier einen möglichst schmerzlosen Tod zu bereiten.[1]) Diese Schlachtregeln bestehen in Folgendem: Das Thier muß durch einen Schnitt in Luft- und Speiseröhre getödtet werden. Dieser Schnitt muß ununterbrochen, ohne Pause, ausgeführt werden. Es darf nicht gehackt, sondern das Schlachtinstrument muß hin- und hergezogen werden. Dasselbe darf keine auch der empfindlichsten Fingerspitze fühlbare Scharte haben, weßhalb es jedesmal vor dem Schlachten genau zu untersuchen ist. Auch darf dasselbe nicht bedeckt sein (von einem Kleid oder dergleichen).[2])

Im Talmud und Kodex finden sich noch mancherlei gesetzliche Bestimmungen, welche ein inniges Gefühl für das Thierleben offenbaren. Es ist verboten, sich zu Tische zu setzen, ehe man dem Thier sein Futter gegeben; denn es heißt[3]): Ich werde auf deinem Felde Gras wachsen lassen für dein Vieh und du wirst essen und satt werden. Das Thier wird hier dem Menschen vorangestellt.[4]) Das Thier, fügen die Erklärer bei, kann nicht wie der Mensch fordern, wenn es hungrig ist.

---

[1]) Heller denkende Rabbinen haben dies erkannt (z. B. Elieser ben Nathan im Mamar haskel, Einleitung u. Abschnitt I. Nr. 19). Doch findet sich im Talmud die Aeußerung: Was liegt Gott daran, ob man so oder anders schlachtet? Die Gesetze sind vielmehr königliche Machtgebote, über die man nicht grübeln darf. Oder: Die Gesetze sind gegeben, die Menschen zu läutern. Oder: Gott wollte Israel Gelegenheit geben (durch Anhäufung vieler Satzungen), sich viel Verdienst zu erwerben. So darf auch nach einer Ansicht im Talmud das Verbot, die Mutter sammt den Jungen aus dem Nest zu nehmen, nicht mit Barmherzigkeit gegen das Thier begründet werden, weil die Gebote nur als königliche Machtgebote aufgefaßt werden dürfen (Berachoth fol. 33 b.). Der Autor dieser beschränkt-finstern Ansicht, die jedoch bestritten wird, fürchtete wahrscheinlich, man könnte auch bei andern Gesetzen nach Gründen forschen und bedenkliche Konsequenzen daraus ziehen; wie dies anderwärts von Salomo berichtet wird, der darum die Verbote Deut. 17,16—17 übertrat. Vergl. auch Strauß, Leben Jesu, Band I., S. 105.

[2]) Sch.—a. II. 1—26. Nach dem Geist der Schlachtgesetze wäre vom rituellen Gesichtspunkt die Einführung einer noch milderen Schlachtmethode, z. B. der Schlachtmaske, ohne Bedenken statthaft, ja geboten.

[3]) Deut. 11,15. [4]) Sch.—a. I. 167. § 6.

— Es sei üblich, heißt es, Jemand, der ein neues Kleid zum ersten Mal anzieht, zu beglückwünschen, indem man spricht: Mögest du es zerreißen und ein neues bekommen. Bei Stiefeln und Schuhen, die aus Thierhaut verfertigt werden, sagt man dies nicht, weil dieser Wunsch den Tod eines Thieres involvirt.[1]
— Man darf am Sabbath das Vieh melken lassen, weil es das Thier schmerzt, bei gefülltem Euter ungemolken zu bleiben.[2] Auch andere Verrichtungen wurden aus Rücksicht für das Thier erlaubt.[3] Das Rupfen lebender Gänse wäre erlaubt, aber man enthält sich davon, weil es eine Grausamkeit gegen das Thier ist.[4]

Im Midrasch findet sich folgende schöne Stelle.[5] Als Moses die Schafe Jethro's in der Wüste hütete, lief ein Schäflein von der Heerde weg. Moses ging ihm nach und fand es endlich an einer Quelle seinen Durst löschen. Da sprach Moses: Liebes Thierchen, ich wußte nicht, daß du aus Durst so weit gelaufen bist. Du wirst müde geworden sein. Komm, ich will dich tragen. Und er nahm es auf die Schulter und trug es zur Heerde. Da sprach Gott: Solches Mitgefühl hast du für das Thier? Wahrlich, du bist würdig, der Hirte meines Volkes zu sein.

Der Talmud erzählt:[6] Der Patriarch Rabbi Jehudah, der Verfasser der Mischnah, sei lange Zeit schwer leidend gewesen. Sein Leiden fing an mit einem Begebniß und endigte mit einem Begebniß. Man führte nämlich einmal ein Kalb zum Schlachten. Das Kalb lief hin zu Rabbi Jehudah und barg blöckend seinen Kopf in dessen Schooß. Da stieß es Rabbi Jehuda weg mit den Worten: Geh, dazu bist du geschaffen. An diesem Tag überfiel ihn sein Leiden. Einmal sah er, wie seine Magd junge Wiesel zusammenkehrte und sie tödten wollte. Da befahl er ihr: Laß sie! Es heißt: Gottes Erbarmen erstreckt

---

[1] Sch.—a. I. 223, § 6. [2] ibid. 305, § 20. [3] ibid. § 18; 226, § 9. [4] III. 5, § 14. [5] Schemoth Rabbah, Abschn. II. [6] Babah meziah fol. 85.

sich über alle seine Geschöpfe. Von dem Tag an besserte sich sein Leiden.

Zahlreich sind auch in Talmud und Midrasch sonstige Stellen, welche sich auf sympathische Weise mit dem Thier beschäftigen. Ein Spruch in der Mischnah lautet: „Sei stark wie der Tiger und leichtbeschwingt wie der Adler, schnellfüßig wie der Hirsch und muthig wie der Löwe, zu vollbringen den Willen deines Vaters im Himmel."[1]) Ein anderer in der Gemara: „Wenn das Gesetz auch nicht gegeben worden wäre, könnten wir Schamhaftigkeit lernen von der Katze, Sittlichkeit von der Taube, Anstand vom Hahn, Rechtlichkeit von der Ameise." — Sogar die Vögel, heißt es einmal, merken, wer ein Geizhals ist und meiden ihn. Der erste Lobspruch, womit der Israelite, sobald er vom Schlaf erwacht, den Schöpfer loben soll, lautet: „Gelobt seist du, Ewiger, unser Gott, der du dem Hahn Einsicht gegeben hast, zu unterscheiden Tag und Nacht." — Humoristisch äußerte ein Rabbi: Wenn die Alten Engel waren, so sind wir Menschen, und wenn sie Menschen waren, so sind wir Esel, aber nicht Esel wie der des Rabbi Pinchas ben Jair. Dieser im Talmud so berühmte Esel wie der Esel Buridans in der Philosophie, soll einmal das ihm vorgesetzte Futter nicht berührt haben, weil, wie es sich herausstellte, dasselbe nicht verzehntet war. Dieser fromme Esel mag vielleicht von demjenigen abstammen, auf dem Abraham ritt, als er seinen Sohn Isak auf Moriah opfern wollte, und der nach einer Ansicht identisch ist mit dem Esel, welchen Moses von Midjan nach Egypten ritt und dem, auf welchem einst der Messias reiten wird.[2]) Vielleicht huldigte der Autor dieser Identitätslehre dem Glauben an die schon von Pythagoras gelehrte Seelenwanderung, welche besonders durch die Kabbalah des Isak Lurja und Chaim Vital Calabrese kultivirt wurde, wonach menschliche Seelen entweder in menschlichen Leibern wiedergeboren werden, um die sittlich religiösen Schlacken ihrer vormaligen Existenz abzuschleifen und sich immer mehr zu

---

[1]) Aboth 5,23. [2]) Siluk des zweiten Neujahrstages.

vervollkommnen, oder zur Strafe für gewisse Sünden eine Zeit lang einen Thierleib bewohnen müssen.[1]) Aber auch vom Ochsen weiß die Hagadah Erbauliches zu berichten. Als der Prophet Eliah auf dem Berge Karmel zwei Ochsen herbeiholen ließ, um den einen dem wahren Gott zu opfern, den andern den Baals= priestern zu übergeben, damit sie ihn ihrem Götzen opferten,[2]) war der Letztere sehr betrübt, daß sein Blut zum Götzendienst verspritzt werden sollte. Doch Eliah tröstete ihn und sagte: Der Name des wahren Gottes wird durch dich nicht minder geheiligt werden, als durch deinen Kollegen. Da gab er sich zufrieden. Auf diesen orthodoxen Ochsen soll Jesajah gesagt haben: „Es erkennet der Ochse seinen Herrn."[3]) — Warum, wird gefragt, brachte Noah's Taube ein Oelblatt?[4]) Sie wollte damit sagen: Herr der Welt! Möge meine Nahrung bitter wie die Olive sein, wenn sie aus deiner Hand kommt, und nicht süß wie Honig aus Menschenhand. — In einer apokryphen Hagadahsammlung findet sich ein Abschnitt, genannt Perek-schirah „Abschnitt vom Lied". In demselben heißt es, daß die Natur und alle Thiere täglich den Schöpfer preisen, jedes auf seine Weise und es wird jedem aufgeführten Thier ein sinnig gewählter Bibelvers in den Mund gelegt. Die Schlange z. B. spricht: „Es stützt der Herr alle Fallenden und richtet auf alle Gebeugten."[5]) Der Fuchs: „Weh dem, der sein Haus baut mit Unrecht."[6]) Der Wolf: „Alles zugefügte Unrecht, an Stier, Esel, Lamm u. s. f. muß er dem Eigenthümer zwiefach erstatten."[7]) Die Maus: „Ich will dich preisen, o Herr, daß du mich aufgerichtet und meine Feinde nicht über mich trium= phiren ließest."[8]) Die Ameise: „Er giebt Brod jeglichem Fleisch, denn ewig währet seine Gnade."[9]) Die Fische: „Die

---

[1]) Vital, Gilgulim p. 38 a. ff., wo die betreffenden Thiere ange= geben sind, in welche je nach der begangenen Sünde die Seele des Sün= ders einzugehen hat.

[2]) 1. Kön. 18,22. [3]) Jes. 1,3. [4]) Gen. 8,11. [5]) Ps. 145,14 [6]) Jer. 22,13. [7]) Exod. 22,8. [8]) Ps. 30,2. [9]) 135,25.

Stimme des Herrn über den Wassern."¹) Das Rebhuhn in den Weinbergen: „Ich hebe meine Augen auf zu den Bergen, woher kommt meine Hülfe? Meine Hülfe kommt von Gott, der Himmel und Erde gemacht hat"²) u. s. w.

Sehr häufig werden Thiere in proverbialer Rede verwendet. Wir wollen einige solcher Redensarten anführen. „Der Löwe brüllt nur, wenn er einen Haufen Fleisch vor sich hat," d. h. der Ueberfluß macht übermüthig. „Nach dem Kameel die Last" will sagen, daß das Schicksal selten mehr aufbürdet, als man ertragen kann; oder daß von großer Kraft auch große Leistungen erwartet werden können; wie ähnlich Tell: „Ein Jeder wird besteuert nach Vermögen." Dem Unzufriedenen, der mehr will, als er hat und auch das Seinige verliert, sagt das Sprüch= wort: „Das Kameel hat Hörner gewollt, da wurden ihm auch die Ohren gestutzt." „Ein Schaf geht hinter dem andern und wie die Mutter, so die Tochter" gleich dem deutschen: Wie die Alten sungen, zwitschern auch die Jungen. „Wenn der Hirt auf die Schafe zürnt, macht er den Leithammel blind." „Mehr als das Kalb säugen will, will die Kuh saugen" ist ein bidak= tisches Sprichwort: Der Lehrer ist begieriger zu lehren, als der Jünger zu lernen. „Wenn der Ochs gefallen ist, wetzt man das Messer" gleich: Wo ein Aas ist, sammeln sich die Geier. „Den Esel friert's auch in der Sommersonnenwende" von denen, die sich nicht in die Zeit zu schicken wissen. „Wenn dich Jemand Esel heißt, leg' dir ein Eselkissen auf," heißt vermuthlich: An= statt mit Schimpfwörtern zu repliciren, nimm es geduldig hin; führe ihn dadurch ad absurdum, daß du dich ganz wie ein Esel gebärdest. Oder: Wenn du dich nicht eselhaft benommen hättest, könnte er dich nicht so tituliren. „Zwei Jagdhunde schlafen nicht auf einem Brett" so viel als: Zwei Hunde nagen selten an einem Bein; zwei Könige können sich nicht einer Krone bedienen.³) „Einen bissigen Hund, der schläft, soll

---

¹) 29,3. ²) 121,1—2.
³) Nach einer Talmudlegende waren Sonne und Mond ursprünglich

man nicht wecken" s. v. a. Man soll den Teufel nicht an die Wand malen. „Ueber den Löwen zürnt man, den Hund schlägt man" ist dem andern talmudischen Sprüchwort verwandt: „Tobias sündigt, Sigud erhält die Prügel." Ein gewisser Sigud zeigte nämlich einen Tobias wegen Extortation an. Der Rabbi, welcher als Richter fungirte, faßte die Bibelstelle: „Ein einziger Zeuge soll nicht gegen Jemand zeugen" als Verbot auf und ließ dem Angeber die Prügelstrafe ertheilen. Das Sprüchwort von Hund und Löwe will auch sagen, daß manchmal ein Geringer der Prügeljunge eines Vornehmen sein muß. Es erinnert auch an das deutsche: Man schlägt den Sack und meint den Esel. „Wenn der Hund hungrig ist, frißt er auch Unrath." Hunger ist der beste Koch. „Blick' dich vor dem Fuchs, wenn es die Zeit mit sich bringt." Auch einem Unwürdigen, wenn er mächtig ist, muß man Ehre erweisen. „Wenn Katze und Wiesel Friede schließen, so ist das ein böses Zeichen," die Kehrseite des duobus ligitantibus tertius gaudet. „Nicht die Maus ist der Dieb, sondern das Loch." Gelegenheit macht Diebe. „Wer von einer Schlange gebissen wurde, fürchtet den Strick." „Besser ein gefangener Vogel als hundert fliegende." Eine Taube in der Hand ist besser als zwei auf dem Dach. „Nicht umsonst ging die Krähe zum Raben; vielmehr deshalb, weil sie ihm gleich ist," bedeutet: Sage mir, mit wem du gehst, so will ich dir sagen, wer du bist. „Man spricht zur Wespe: Behalte deinen Honig und deinen Stachel." Eine aus nachtalmudischer Zeit stammende Redensart ist: „Zertritt die Würmchen nicht" zur Bezeichnung der Scheinheiligkeit, die ein allzuzartes Mitgefühl mit den Thieren heuchelt, um die Menschen zu blenden.[1]

Auch von den zahlreichen im Talmud und der rabbinischen

---

von gleicher Größe. Da sprach der Mond zu Gott: Herr der Welt: Können zwei Könige sich einer Krone bedienen? Er wünschte, daß die Sonne kleiner gemacht werde. Da machte Gott ihn selbst kleiner.

[1] Vgl. hierüber eine hübsche Sage bei Tendlau, Buch der Sagen und Legenden, 3. vermehrte Auflage, Nr. 21.

Literatur sich findenden Sagen, Fabeln und Märchen, die von Thieren handeln, mögen hier einige Platz finden.

Ein Mädchen von großer Schönheit fiel einst in einen Brunnen, der einsam auf dem Felde stand. Ein vorübergehender Jüngling hörte den Hülferuf, der aus dem Brunnen heraufkam, ging hinzu und war geblendet von der Schönheit des am Rande des Grabes schwebenden Mädchens. Er erklärte sich bereit, sie mit eigener Lebensgefahr zu retten, wenn sie sein Weib werden wollte. Das Mädchen versprach es. Hierauf stieg er hinab und war so glücklich, das Mädchen zu retten. Seine Leidenschaft wollte die Frucht der Liebe auf der Stelle pflücken; allein das Mädchen sträubte sich und forderte ein Pfand der Treue. „Ich habe keinen würdigen Gegenstand bei mir," versetzte er, „aber dieser Brunnen und dieses Wiesel, welches soeben über den Weg läuft, seien Zeugen des Bundes, den ich mit dir schließe." Das Mädchen kehrte heim zu seinen Eltern und harrte mit fester Zuversicht auf die Ankunft ihres Bräutigams, daß er sie zu seinem Weibe mache. Doch es verstrichen Wochen, es verstrichen Monate und der Jüngling ließ sich nicht sehen. Da hörte das Mädchen, daß er eine andere heimgeführt habe. Ein heftiges Fieber warf sie auf's Lager und als sie wieder genesen war, umschatteten Melancholie und Irrsinn ihre Seele. Der Jüngling aber war ein glücklicher Gatte geworden und zwei wunderschöne Kinder, ein Mädchen und ein Knabe, vollendeten sein Eheglück. Eines Tages wurde das Mädchen vermißt. Man suchte und suchte und fand es endlich zerschmettert im Brunnen des Gartens. Der Jammer der beiden Eltern war groß und mit verdoppelter Wachsamkeit wurde nun der Knabe behütet. Als die Mutter eines Tages in die Stube tritt, hört sie ihr Kind jämmerlich schreien und gleichzeitig huschte ein Wiesel aus dem Gemach. Entsetzlicher Anblick! Das Thier hatte ihrem Liebling einen tödtlichen Biß beigebracht und bald mußten es die jammernden Eltern zu Grabe geleiten. Der außergewöhnliche Tod seiner beiden Kinder machte den Vater nachdenklich. Er erinnerte sich seines gebrochenen Ehegelöbnisses und der beiden Zeugen, des Brunnens und des Wiesels. Er bekannte der Gattin seine Schuld und diese war selbstlos genug, den Gatten zur Trennung aufzumuntern, damit er diejenige heimführe, der er zuerst Treue und Ehe gelobt hatte. Dies geschah und bald war die ehemalige Braut gefunden. Sie erwachte wieder zu Vernunft und Leben und ward eine glückliche und beglückende Gattin.[1])

Daß der römische Kaiser Titus, der Zerstörer des Tempels, von den Juden nicht als delicium generis humani gefeiert wurde, ist erklärlich. Die Sage erzählt: Als er von seinem Siegeszug in Judäa nach Rom schiffte, erhob sich ein gewaltiger Sturm. In frevlem Uebermuth rief er: „Ha! dieser Gott der Juden scheint nur auf dem Wasser mächtig zu sein, wie er auch Pharao in den Wellen umkommen ließ. Ist er ein großer Gott, so möge er auf dem Festland mit mir kämpfen." — „Frevler," ließ sich eine Stimme vernehmen, „ein winziges Geschöpf habe ich in meine Welt geschaffen: die Fliege. Steige an's Land und kämpfe mit ihr." Kaum war er gelandet, so kroch ihm eine Fliege in die Nase, während er schlief, bohrte sich in sein Gehirn ein und machte mit ihrem Summen das Leben des römischen Helden zur Qual. Eines Tages ging er an einer Schmiede vorüber und die Hammerschläge brachten die Fliege zum Schweigen. Titus ließ sich nun jeden Tag eine Stunde vorhämmern. Allein bald war die Fliege das Hämmern gewohnt und summte fort wie früher. Nach dem Tode des Titus soll seine Hirnschale geöffnet worden sein und man fand sie so groß wie eine junge Taube. Ihr Schnabel war von Kupfer, ihre Füße waren eisern.[2]) Daß der Sieger von Jerusalem auch manche „Mucken" im Kopf gehabt haben mag, liegt nicht außer dem Bereich der Möglichkeit.

---

[1]) Angedeutet im Talmud **Tanit** fol. 8. Erzählt von Aruch s. v. Chalad.

[2]) Talmud Gittin fol. 56.

Es war einmal ein frommer Jude, der trotz seiner Armuth es niemals unterließ, den Sabbath als fröhliches Fest zu feiern. An den Werktagen versagte er sich jeden Genuß, um nur am lieben Sabbath sich prächtig kleiden, das Wohnzimmer schmücken und beleuchten und seinen Sabbathtisch gut bestellen zu können. Josef der Sabbathehrer wurde er deßhalb allgemein genannt und am Sabbath war der arme Josef der reichste Mann und er hätte nicht mit seinem Nachbar, dem reichen Moses, tauschen mögen, der jahraus jahrein sich plagte und auch des Sabbaths den Kopf voll von seinen Geschäften hatte. Diesem Moses wurde einst im Traum verkündet, daß sein Geld in Josef's Hand kommen werde. „Das will ich verhüten!" rief er, und beschloß, in einen andern Welttheil zu ziehen. Er versilberte Alles, was er hatte und kaufte für den Erlös einen kostbaren Edelstein, den er mit einer Schnur an seinen Hut befestigte. Hierauf begab er sich zu Schiff. Als er einmal auf dem Verdeck stand, kam ein Sturm und wehte seinen Hut mitsammt dem Edelstein in das Meer. An einem Freitag war auf dem Fischmarkt ein prachtvoller Hecht dem Verkauf ausgesetzt. Niemand wollte ihn kaufen; denn er hatte einen hohen Preis, und schon beschloß der Fischer, ihn an den fürstlichen Hof zu liefern. Da kam der Sabbathehrer. Er sieht sich den Fisch an, und obgleich sein ganzes Verdienst der vorigen Woche darauf geht — seinem königlichen Gast, dem Sabbath, zu Ehren kauft er den Fisch. Als er ihn daheim öffnete, was blitzt ihm entgegen? Ein herrlicher Edelstein. Der geneigte Leser weiß schon, daß es der Edelstein des Moses war, den der Hecht verschluckt hatte, wie einst den Ring des Polykrates. Josef verkaufte ihn und wurde ein reicher Mann und konnte nun den Sabbath noch besser ehren als zuvor.[1])

Unter den Thierfabeln im Talmud finden sich manche bekannte von Aesop, Aelian und anderen. Wir wollen einige weniger bekannte anführen.

---

[1]) Talmud Sabbath fol. 119.

Zwei Hunde, die eine Schafheerde bewachten, hatten fort=
während Streit miteinander. Eines Tages kam ein Wolf über
die Heerde und griff einen der beiden Hunde an. Da sprach
der andere: Wenn ich jetzt meinem Mithund nicht beistehe,
kommt morgen der Wolf auch über mich. Er half ihm daher,
den Wolf zerreißen.[1]) Die Fabel wird auf Midjan und Moab
angewendet, welche stets miteinander in Streit lebten, aber Frie=
den schlossen, um gemeinschaftlich gegen Israel vorzugehen. Auch
im politischen Fraktionsleben findet die Fabel vielfach Anwendung.

Ein Hahn und eine Fledermaus harrten beide auf den
anbrechenden Morgen. Da sprach der Hahn zur Fledermaus:
Wenn ich mich nach dem Tageslicht sehne, so weiß ich warum.
Was soll aber dir der Tag?[2])

Ueber den Fuchs soll der berühmte Mischnahlehrer Rabbi
Meïr dreihundert Fabeln gedichtet haben, von denen sich aber nur
drei erhielten, die jedoch von den Commentaren nur errathen wer=
den.[3]) Eine gute Fuchsfabel ist folgende: Ein Fuchs wollte einmal
in einen Weinberg dringen, aber die Mauer war zu hoch für ihn.
Da entdeckte er in der Mauer ein Loch und versuchte, hineinzu=
schlüpfen; er war jedoch zu dick dazu. Da fastete er drei Tage
und nun war er mager genug, um durch das Loch in den Wein=
berg zu gelangen. Er that sich an den Trauben gütlich nach
Herzenslust. Als er aber wieder heraus wollte, war sein Bäuch=
lein wieder zu dick dazu. Er mußte also abermals drei Tage
fasten, um herauszukommen. In's Freie gelangt, wendete er
sich zum Weinberg um und sprach: „Weinberg, o Weinberg!
Wie schön bist du und wie gut sind deine Früchte. Allein was
habe ich von dir? Mager wie ich hinein kam, komme ich wieder
heraus." So ist es auch mit dem Erdenleben; daher heißt es:[4])
„Nackt wie der Mensch aus dem Mutterschooß kommt, kehrt er
zurück in den Schooß der Erde und nicht das Geringste nimmt
er mit sich."[5])

---

[1]) Talmud Sanhedrin fol. 105. [2]) ibid. fol. 98 b. [3]) ibid. fol.
38 b. f. [4]) Pred. 5,14. [5]) Midrasch Kohelet.

Ein hübsches Märchen findet sich in den spätern rabbinischen Schriften[1]): Ein Mann hatte einst ein Vögelein gefangen. Als er es schlachten wollte, öffnete das Vögelein sein Schnäbelein und zwitscherte: „Wenn du mir schwörst, mir die Freiheit zu schenken, sage ich dir drei Worte, welche dir und den Deinigen Glück bringen werden. Der Mann schwor und das Vögelein sagte: Höre nun die Worte:

    Was ewig dir verloren ist, beklag' nicht!
    Was unerreichbar für dich ist, erjag' nicht!
    Was unglaubwürdig, glaube nicht und sag' nicht!

Hierauf öffnete der Mann seine Hand und das Vögelein flog auf einen Baum und rief: O du Narr! Wie thöricht hast du gehandelt, daß du mich freiließest. Wisse, daß ich einen Edelstein in meinem Leib habe, so groß wie ein Straußenei, und wenn du mich umgebracht hättest, wärest du mit einem Male zum Millionär geworden. Da schlug sich der Mann an die Stirn und fluchte seiner Unbesonnenheit. Bald aber fing er an, das Vögelein zu locken mit schmeichelnden Reden: Komm, liebes Vögelein, komm! Ich will dich mit lauter Zuckerbrod füttern. Du sollst es bei mir haben wie ein Kind und dgl. Reden. Hierauf versetzte das Vögelein: O du dreifacher Thor! Hast du nicht begriffen, daß ich dich nur auf die Probe stellen wollte, ob du von den drei Worten auch die rechte Anwendung machst? Aber du hast die Probe schlecht bestanden. Sagte ich nicht:

    Was ewig dir verloren ist, beklag' nicht!

Du aber hast gejammert und geseufzt, daß du mir die Freiheit gegeben. Sagte ich nicht:

    Was unerreichbar für dich ist, erjag' nicht!

Du aber möchtest mich wieder einfangen mit losen Worten und könntest doch wissen, daß ein so kluges Vögelein wie ich sich nicht hinter's Licht führen läßt. Sagte ich endlich nicht:

    Was unglaubwürdig, glaube nicht und sag' nicht!

---

[1]) S. Schwarz, Orach chajim p. 55.

Du aber glaubst, ich hätte einen Edelstein wie ein Straußenei in mir und ich selbst bin doch kaum so groß. Hierauf pfiff das Vögelein eine ironische Weise und flog spottend davon.

Reihen wir noch einige Thierfabeln aus der rabbinischen Literatur an.

Der Schwanz der Schlange sprach einmal zum Kopf derselben: Welche Anmaßung von dir, daß du immer vorangehst und ich dir nachlaufen muß! Bin ich nicht so viel als du? — Wohl, antwortete der Kopf, in Zukunft magst du vorangehen. Es geschah; aber es dauerte nicht lange, so fiel die Schlange in einen tiefen Graben und verletzte sich schwer. — So geht es, wenn Unfähige sich die Herr- und Führerschaft anmaßen.

Ein Vogel baute einmal ein Nest am Meeresufer. Die Wellen schwemmten es hinweg. Zürnend rief der Vogel: Beim Himmel! Ich weiche nicht von hier, bis ich das Meer in Festland verwandelt habe. Er fing an, Staub und Stroh mit seinem Schnabel herbeizuschleppen und in's Meer zu werfen. Sein Kamerad war klüger als er und lachte ihn aus. — Die Fabel wird auf Haman angewendet, der Israel vertilgen wollte. Sie läßt sich aber noch besser auf die Bestrebungen der Finsterlinge deuten, welche die ewig fluthende Strömung des Geistes trocken legen möchten, weil sie hie und da ihre Privatinteressen schädigt. —

Als einst die römische Regierung den Juden die Beschäftigung mit der Thorah (Religionslehre) verboten hatte, traf Papus ben Jehuda den Rabbi Akiba, wie er öffentlich seinen Schülern Unterricht im Religionsgesetz ertheilte. „Akiba," redete er ihn an, „du bist sehr kühn. Kennst du das Verbot der Regierung nicht?" — Ich will dir ein Gleichniß sagen, antwortete dieser. Ein Fuchs ging einst am Ufer eines Flusses und sah, wie die Fische scheu vom Ufer sich entfernten. Was fliehet ihr? rief er ihnen zu. — Die Netze der Menschen, antworteten die Fische. — Ich will euch einen Rath geben, versetzte der Fuchs. Kommet herauf auf's Trockene, daß wir miteinander leben wie unsere Vorfahren. Da antwortete ein alter Fisch: Bist du es, den man den Schlauen nennt? Du scheinst im Gegentheil ein großer Thor zu sein: Hier im Wasser sind wir von Gefahren bedroht. Verlassen wir erst das Element unseres Lebens, so ist uns der Tod gewiß. So geht es auch uns mit der Thorah, schloß Rabbi Akiba; denn von ihr heißt es: Sie ist dein Leben und die Länge deiner Tage.

Ebenfalls auf Haman wird im Midrasch folgende Fabel angewendet: Jemand hatte einen Esel, ein Eselfüllen und ein Schwein im Stall. Den Ersteren wurde ihr Futter zugemessen; das Schwein dagegen durfte nach Herzenslust fressen. Da sagte das Eselfüllen zu seiner Mutter: Welch ein Thor ist dieser Mensch! Uns, die wir für ihn arbeiten müssen, mißt er das Futter zu; das faule Schwein aber erhält sein Futter ohne Maß. Die Mutter antwortete: Sei ruhig, mein Kind. Nicht zu seinem Vortheil läßt man das Schwein so viel fressen. Als ein Festtag herannahte, wurde das Schwein gestochen. Da wollte das Füllen nicht mehr fressen. Die Mutter aber sagte: Mein Kind, nicht das Fressen hat dem Schwein sein Ende gebracht, sondern der Müssiggang. So die Größe Hamans vor seinem Fall.

Der Vers: „Der Gerechte wird aus der Noth erlöst und der Frevler kommt an seine Stelle" wird mit folgender Fabel illustrirt. Ein Fuchs kam einmal an einen Brunnen, wo zwei Eimer an einem Wagbalken hingen. Er trat in den einen Eimer und wurde sofort in die Tiefe gezogen, während der andere nach oben stieg. Bald darauf kam ein Wolf an den Brunnen. Er sah den Fuchs in der Tiefe und fragte ihn, was er da thue. Der Fuchs sagte: Hier hat es Fleisch und Käse die Hülle und Fülle. Sieh nur diesen prächtigen Käse! Damit zeigte er auf den Mond, der sich im Wasser spiegelte. Wie komme ich hinunter? fragte der Wolf. Der Fuchs antwortete: Steig' nur in den Eimer. Der gierige Wolf that es und während er in den Brunnen sank, stieg der Fuchs herauf. —

Folgende drei hübsche Thierfabeln aus dem Arabischen finden sich in der neurabbinischen Literatur.

Ein Mann und ein Löwe stritten darüber, wer von beiden größere Kraft besitze. Nachdem sie ihre Beweismittel gegenseitig erschöpft hatten, sprach der Mann: „Du läugnest, daß der Mensch auch den Löwen an Stärke übertreffe? Sieh dieses Bild hier!" Damit zog er eine Leinwand aus dem Busen, worauf ein Heldenjüngling gemalt war, der mit einem Löwen rang und ihn überwand. Da lächelte der Löwe und rief: „O ihr klugen Menschen! Wenn es unter uns Löwen Maler gäbe, gewiß würde das Bild umgekehrt ausfallen: Der Löwe würde den Jüngling zerreißen." Moral: Wenn dir deine Verwandten und Genossen Recht geben, so darfst du deswegen nicht glauben, daß du wirklich im Rechte seist. —

Die Schildkröte war einmal so vermessen, sich mit dem Hasen in einen Wettlauf einzulassen. Der Gipfel eines fernen Berges war das Ziel. Die Kröte machte sich auf den Weg, während der Hase im sicheren Siegesbewußtsein sich behaglich auf dem Rasen hinstreckte und die langsamen Schritte der Kröte verächtlich betrachtete. Aber bald senkte sich ein süßer Schlummer auf des Hasen Augen und er schlief ein. Als er erwachte, jagte er der Schildkröte nach; aber zu spät. Denn als er den Berg hinauf eilte, ruhte jene schon auf dem Gipfel von ihrem Siegeslauf aus und blickte triumphirend mit ihren schönen Aeuglein auf den Zögernden. Moral: Der Fleiß überholt das träge Talent.

Einige Hunde fanden eine Löwenhaut und fingen an, sie zu zerren und zu zerbeißen. Ein Fuchs, der diesem Treiben von ferne zusah, spottete: Ihr muthigen Hunde! Aber würde der Löwe noch in der Haut stecken: eine einzige Kralle von ihm wäre stärker, als alle eure Zähne. —

Die jüdische Legende des Mittelalters — um auch dieser in unserer Darstellung ein Plätzchen zu gönnen — erzählt Folgendes: In Worms fand einmal eine arge Judenverfolgung statt. Die blinde Wuth des Pöbels war entfesselt und alle

Juden sollten niedergemetzelt werden. Die meisten fielen auch unter den Streichen ihrer fanatischen Verfolger und nur wenige versteckten sich in den Häusern befreundeter Christen. Aber es war, als ob die Hölle selbst mit den Judenverfolgern im Bunde gewesen wäre. Eine Zaubergans flog auf das Dach eines jeden Hauses, das einen Juden verborgen hielt und verrieth ihn seinen Verfolgern. Nun war aber in Worms ein Jude, der eines Priesters Freund war. Er bekleidete sich mit dem Ornat desselben und betrat die Kanzel. „Freunde, redete er die Menge an, lasset euch vom Satan nicht täuschen. Hierher, in diese heilige Kirche, wagt gewiß kein Jude seinen Fuß zu setzen. Nun gehet hinaus und sehet, ob dieser Höllenvogel nicht auf das Dach der Kirche geflogen ist." Die Menge eilte hinaus und richtig! die Gans saß schnatternd auf der Spitze des Thurmes. Nun wendete sich der Wahn gegen den Vogel. Von hundert Geschossen durchbohrt sank er vom Thurm und die Judenverfolgung hatte ein Ende.

Zum Schluß noch ein nettes Thierstück aus der Liturgie. Man findet es am Schluß der sog. Pesach=Hagadah, d. i. die Hausandacht für die beiden ersten Abende des jüdischen Osterfestes. Es erinnert an die bekannte Fabel von der Fliege, dem Sperling, dem Sperber und dem Adler, deren Verse den Refrain haben: „Nein, rief der Mörder, du bist mein; denn ich bin groß und du bist klein." Ich gebe sie in einer gelungenen Uebersetzung von Offenbach.

1. Es kaufte sich mein Vater,
   Zwei Groschen galt der Kauf,   Ein Lämmchen.
   Da kam voll Tück' und Haber
   Die Katz' und fraß es auf.   Das Lämmchen.

2. Ein Hund, den es verdrossen,
   Daß floß unschuldig Blut   Vom Lämmchen,
   Kam pfeilschnell hergeschossen,
   Zerriß die Katz' in Wuth.   Ums Lämmchen.

3. Ein Stock stand nah' beim Hunde,
   Der lang ihm schon gedroht.   Ums Lämmchen.
   Er schlug zur selben Stunde
   Den Hund, er schlug ihn todt.   Ums Lämmchen.

4. Am glüh'nden Feuerherde
   Der Stock den Rächer fand.   Ums Lämmchen.
   Die Flamme ihn verzehrte
   Und schnell war er verbrannt.   Ums Lämmchen.

5. Da sprudelt' eine Quelle,
   Das Wasser strömt' heraus   Ums Lämmchen.
   Es floß zur Brandesstelle
   Und löscht' das Feuer aus.   Ums Lämmchen.

6. Ein durst'ger Ochse eilte
   Zur Wasserquelle schnell.   Ums Lämmchen.
   Er trank daraus und weilte,
   Bis trocken war der Quell.   Ums Lämmchen.

7. Da ward der Ochs ergriffen
   Vom Schlächter mit Gewalt.   Ums Lämmchen.
   Das Messer ward geschliffen,
   Geschlachtet war er bald.   Ums Lämmchen.

8. Dem Schlächter nahte leise
   Der Todesengel sich.   Ums Lämmlein.
   Er that nach seiner Weise;
   Der Schlächter b'rauf verblich.   Ums Lämmchen.

Rabbinisch-theologisches Gutachten über das Schächten*)

von Rabbiner Dr. L. Stein in Frankfurt a. M.

Die Satzung, ein Thier, dessen Fleisch gegessen werden soll, zu schächten, hat durchaus keine Begründung in der Bibel. Es ist im mosaischen Gesetze keine Spur zu finden, daß das Tödten eines zum Genusse erlaubten Thieres vermittelst eines nach zahlreichen strengen Regeln auszuführenden Schnitts in den Hals (Schächten, Schechita) zu geschehen habe oder gar, daß ein Thier, bei dem diese Handlung überhaupt oder nur eine der dabei üblichen Observanzen unterlassen wurde, zum Genusse verboten sei.

Die Opferthiere wurden allerdings, um das Blut zum Sprengen an den Altar zu empfangen, durch Schechita getödtet, welche Bezeichnung deßhalb auch ausdrücklich in den bezüglichen Schriftstellen gebraucht wird. Dieser Grund fällt für das profane Leben hinweg; hier stellt uns daher das mosaische Gesetz die Art der Tödtung völlig frei und wird deßhalb —

---

*) Das Bestreben der Thierschutzvereine, das bei den Israeliten übliche Schächten durch eine humanere Schlachtmethode zu verdrängen, scheiterte bisher an den religiösen Bedenken der Israeliten (S. u. A. den 10.—12. Jahresbericht des Münchener Thierschutzvereins S. 83 ff.). Mit Bezug auf die kurze Bemerkung des Verfassers dieser Schrift (S. 27, Anm. 2) glauben wir deßhalb das Gutachten eines sehr bedeutenden, hochbetagten Theologen der Gegenwart aus der „Isr. Gemeinde- und Familienzeitung" (1880 Nr. 1) hier passend zu reproduziren. Der Verleger.

ein Umstand, der hier von besonderer Bedeutung ist — dort, wo des profanen Schlachtens Erwähnung geschieht, nicht der Ausdruck schachat gebraucht, wie bei den Opfern, sondern sabach, was die Handlung des Schlachtens überhaupt bedeutet, ohne nähere Bezeichnung der Tödtungsweise. Dem Talmud fällt es daher auch schwer, die Vorschrift des Schächtens auch nur im Allgemeinen durch irgend einen Schriftvers, wenn auch blos andeutungsweise, zu beweisen. Allerlei Ansichten treten hier auf, die zuweilen an's Lächerliche streifen. So z. B. meint ein Rabbi: „Es heißt wesabchata (du sollst schlachten); dieses Wort sei zu lesen: sab—chata: wo das Blut strömt, da schneide hinein." — Risum teneatis! — Als Hauptbeweis wird die Schriftstelle festgehalten: „Und du sollst schlachten von deinem Rind und Kleinvieh, wie ich dir geboten habe" (5. M. 12,21). Da nun die Art des Schlachtens im Pentateuch nirgends bestimmt wird, so ist daraus zu entnehmen — meint der Talmud — daß die bezüglichen Vorschriften von Gott dem Moses mündlich mitgetheilt worden seien.

Hier wird dem einfachen Wortsinne Zwang angethan, um zahllose Satzungen in das religionsgesetzliche Leben willkürlich einzuführen, wovon das Bibelwort keine Ahnung hat. Auch die jüdischen Schrifterklärer sehen es (dem vernünftigen Grundsatz gemäß: „Der Schriftvers muß nach seinem natürlichen Sinn genommen werden," Talm. Tract. Sabb. 63, a) gar wohl ein, daß die angeführte talmudische Auslegung bezüglich des Schächtens dem natürlichen Schriftsinn nicht entspreche. Allein der Talmud hat seine Anhänger an den Glauben gewöhnt, daß neben dem natürlichen, vernünftigen Schriftsinne, der offen zu Tage liegt, noch ein zweiter in der Tiefe einhergehe, den die mündliche Deutung gebe — und wie unvernünftig ist oft dieser! —

Wir führen von den Kommentaren nur den angesehenen mittelalterlichen Schriftgelehrten Nachmanides (vulgo: Ramban) auf, der den Vers, um in möglichstem Einklang mit dem Talmud zu bleiben, also nimmt: „Du sollst schlachten — nämlich im profanen Leben — wie ich dir geboten habe — bei den Opfern, durch den Schnitt in den Hals." Das nennen wir, sich gut aus der Schlinge ziehen; allein es ist dennoch weder die Wahrheit, noch stimmt es mit der Deutung der Rabbinen überein. —

Die Sache liegt aber klar also. Der Talmud führt die betreffende Stelle in der ihm diensamen Weise abgekürzt auf: „Du sollst schlachten, wie ich dir geboten habe." Allein gerade die dazwischen liegenden Worte: „von deinem Rind und Kleinvieh, welches der Ewige dir gegeben," lassen über den wahren Sinn der Stelle keinem Zweifel Raum. Jenes „wie ich dir geboten habe" bezieht sich nämlich auf die Vorschriften, welche im Gesetze anderwärts über die zum Genusse erlaubten Thiergattungen vorkommen, deren zahlreichste Klasse Rind und Schaf (auch Ziege) bilden, und die im nächsten Verse noch durch die erlaubten Gattungen vom Wilde ergänzt werden.

Wie wäre es auch möglich, anzunehmen, Gott habe lediglich bei diesem Gesetze so nachdrücklich der mündlichen Lehre gedacht? Warum fragen wir, geschieht die Erwähnung dieses Ausdrucks nicht auch anderwärts bei den vielen Gesetzen des Pentateuch, deren belastende Hinzufügungen der Talmud unter der Flagge der Ueberlieferung in das religionsgesetzliche Leben einführte? —

Mag daher das Schächten auf ein Jahrhunderte altes Herkommen sich stützen, mosaisch ist es nicht geboten und noch weniger ist es religiös motivirt, daß das Fleisch eines Thieres, das auf eine andere Weise getödtet worden, dem Israeliten zum Genusse verboten und dem Aase gleich zu achten sei.

Das Schächten ist eine von den Satzungen, die das jüdische Leben so drückend erschweren, die den Israeliten von einem innigeren, geselligen Umgange mit Nichtjuden ausschließen, und darauf war es in früheren Zeiten abgesehen, besonders mit den

Speisegesetzen, was im Talmud deutlich ausgesprochen ist (Tract. Sabb. 17 b). —

Eine neue Zeit ist mit Gott gekommen. Die Gegenwart bringt den Israeliten in tausendfache Beziehung zur nichtisraelitischen Welt. Wer wollte sich dessen nicht freuen? Annäherung der Menschen und Völker ist die Devise der Zeit. —

In ähnlicher Weise sprechen sich mehrere jüdische Gelehrte und Theologen neuerer Zeit aus. Vergleiche u. A. Geiger, Jüdische Zeitschrift für Wissenschaft und Leben, Bd. IX., S. 38 ff.; Rubens, Der alte und der neue Glaube im Judenthum (Zürich, Verlags-Magazin) Kap. 2; Theologus, Die jüdischen Speisegesetze (Löbau, Wpr., R. Skrzeczek), S. 12 und 23 und Abschnitt 4, und eine Besprechung der letztgenannten Schrift in der „Israel. Reform", Jahrgang V, No. 25.

**Quäle nie ein Thier zum Scherz,
Denn es fühlt wie du den Schmerz.**

———

Quäle kein lebendig Wesen!
  Blick' dem Thier in's Aug' hinein,
  Drin kannst du die Bitte lesen:
  „Schone, Mensch, erbarm' dich mein!"

Nie soll der Mensch das Thier verachten,
  Als ob der Abstand wär' so groß;
  Als seines Gleichen soll er es betrachten
  Geboren aus demselben Schooß.

Ein Mensch muß oft vor seinem Vieh,
  Vor Pferd und Hund die Augen niederschlagen;
  Dieweil an manchem Vorzug sie
  Und mancher Tugend auch ihn überragen.

Thier und Menschen, beide
  Streben hin zur Freude;
  Aber Noth und Schmerz
  Flieh'n sie allerwärts.

Zum frohen Dasein hat Natur
  So Thier, wie Mensch, erschaffen.
  Und Alles zeigt der Gottheit Spur
  Vom Käfer bis zum Affen.

Scherz zu treiben mit den Schmerzen
  Eines Thieres, das beweist,
  Daß getrübet ist der Geist
  Und daß Wohlsein fehlt dem Herzen.

Denn, wo klar ist der Verstand,
   Wird der Wesen Weh erkannt
   Und ihr Leid wird von gesunden
   Menschenherzen mitempfunden.

Es ist nur eine kleine Spanne Zeit
   Den Thieren zugemessen, sich zu sonnen
   Im Strahl der Lebenssonne; Fröhlichkeit
   Zu trinken aus der Freude süßem Bronnen.

Fühlt nicht der Wurm, den unbedacht dein Schritt
   Zermalmt, dasselbe Weh, dieselben Leiden,
   Die du empfindest, wenn der eh'rne Tritt
   Des Schicksals hemmet deine Lebensfreuden.

Wie wenn den Nebenmenschen wir erquicken,
   Die reinsten Wonnen uns im Herzen sprießen,
   So fühlet auch ein innerstes Entzücken,
   Wer einem Thiere Gutes hat erwiesen.

Du irrest, wenn du wolltest dir erlauben,
   Das Thier zu plagen, weil des Menschen wegen
   Es nur geschaffen wäre! Diesen Glauben
   Kann nur die eitle Selbstsucht hegen.

Den schönsten Kranz, die reinste Blüthe
   Des Ruhms, o Mensch, erringst du dir,
   Wenn Liebe, Güte im Gemüthe
   Dir wohnt, zum Menschen wie zum Thier.

Schmerz zu heilen, Noth zu lindern,
   Ziemet edlen Menschenkindern.
   Gegen Thiere, noch so klein,
   Sollst du gut und freundlich sein.